Christine Wolfrum
Heike Papenfuss

Wenn die Seele nicht satt wird

Wege aus Bulimie und Magersucht

Patmos Verlag Düsseldorf

Thema: KINDER
herausgegeben von Marion Schweizer

Die Deutsche Bibliothek – CIP-Einheitsaufnahme
Wolfrum, Christine:
Wenn die Seele nicht satt wird: Wege aus Bulimie und Magersucht / Christine Wolfrum; Heike Papenfuss. – 1. Aufl. – Düsseldorf: Patmos-Verl., 1993
(Thema: Kinder)
ISBN 3-491-50008-7
NE: Papenfuss, Heike:

1. Auflage 1993
Umschlag: Hanno Rink unter Verwendung eines Bildes von Hanno Rink und Rita Mühlbauer
Satz: Utesch Satztechnik GmbH, Hamburg
Druck/Bindung: Rasch, Bramsche
ISBN 3-491-50008-7

Inhalt

Vom Traum zum Alptraum
Vorwort 8

Teil 1
Eßstörungen – Ursachen, Symptome und Folgen 11

»Ich wollte aussehen wie der Star der Klasse«
Die Todesspirale: Von der Diät zur Magersucht 12

»Ich konnte mich beherrschen«
Symptome und Folgen des Gewichtsverlustes 20

»Uns Kinder fragte keiner«
Familienstrukturen I: Kontrolle total 27

»Meinen Vater bewundere ich grenzenlos«
Familienstrukturen II: Töchter und Väter 32

»Wir waren fast wie Freundinnen«
Familienstrukturen III: Töchter und Mütter 41

»Ich war ein unerwünschtes Kind«
Kein Platz für uns
oder: Warum sich Mädchen und Frauen dünne machen .. 46

»Ran an den Speck!«
Der Einstieg in den Teufelskreis
oder: Wer schön sein will, muß schlank sein 52

Teil 2
Gefangen in der Sucht
Betroffene berichten 65

»Natürlich hatte ich schrecklichen Hunger«
Magersüchtige berichten 66

»Plötzlich verlor ich die Kontrolle«
Bulimikerinnen und Eßsüchtige berichten 71

»Ich möchte mich nicht manipulieren lassen«
Eltern berichten 78

Hunger im Schlaraffenland
Welche Bedeutung hat Essen in unserer Gesellschaft?
Ein Exkurs 85

Teil 3
Die Therapie 103

»Jeder hilft sich selbst und dadurch den andern«
Selbsthilfeorganisationen 107

»Eine Einstellung zu sich und den Dingen finden«
Ambulante Psychotherapie 127

»Den Hunger nach Lebenssinn stillen«
Stationäre klinische Behandlung 143

Klinikaufenthalt – ja oder nein?
Patientinnen berichten 176

»Körper und Seele sind eins«
Prävention und Nachsorge: körperbewußt leben 182

Anhang
Empfohlene und verwendete Literatur 189
Ausgewählte Adressen, die weiterhelfen 190
Anmerkungen 192

Vom Traum zum Alptraum

Vorwort

Acht von zehn Frauen in den westlichen Industrieländern sind mit ihrem Aussehen unzufrieden. Sie wollen abnehmen, denn sie fühlen sich dick, fett, häßlich... Als Wunderwaffe gegen die »überflüssigen Pfunde« behauptet sich nach wie vor die Diät. Vor allem Frauenzeitschriften und die Werbung warten mit immer neuen geheimnisvollen Trick-Diäten auf, mit denen binnen weniger Tage die Kilos schmelzen sollen. Nur eine schlanke Frau scheint schön und begehrenswert, dynamisch, leistungsstark und entsprechend erfolgreich.

Der Traum von Erfolg und Schönheit wird für viele Frauen zum täglichen Alptraum: Sie hungern. Sie hoffen, daß damit ihre Welt eine wunderschön gestaltete und funktionierende wird, so wie sie es in den Medien sehen. Scheinbar ohne Anstrengung leben dort makellos schöne Menschen in tollen Beziehungen und mit sämtlichen Attributen, die in unserer Gesellschaft zählen.

Doch Hungern ist keine gute Waffe gegen mangelndes Selbstwertgefühl, Versagensängste und gegen das überwältigende Gefühl, machtlos zu sein. Oft beginnt damit ein Kreislauf, der in einem schier unentrinnbaren Teufelskreis endet: Mädchen und Frauen, aber auch zunehmend Jungen und Männer werden magersüchtig oder eß-/brechsüchtig. Eltern sind – zu Recht – verunsichert und ratlos, wenn »das Kind« sich plötzlich weigert zu essen und immer dünner und dünner wird. Die ersten Pfunde mögen ja noch angehen, schließlich wären die Eltern oft selbst gern etwas schlanker. Aber dann? Weder gutes Zureden, noch Drohungen oder gar das berühmte »Machtwort« scheinen zu helfen. Die Tochter, der Sohn verweigern sich elterlicher Fürsorge und allen rationalen Argumenten. Was tun?

Magersucht und Bulimie sind längst keine Außenseiterkrankheiten mehr. Jede fünfte Frau gilt heute als eßgestört. Und: Die Betroffenen werden immer jünger. Bei Schülern sind Eßstörungen schon weiter verbreitet als Suchtprobleme mit Drogen.
In Gesprächen mit Betroffenen und ihren Eltern suchten wir nach Ursachen für krankhaftes Eßverhalten. Für Eltern sind die Gespräche mit den Jugendlichen vor allem insofern aufschlußreich, als darin augenfällig zum Ausdruck kommt, wie sehr sich die betroffenen Jugendlichen häufig von ihren Eltern »in Besitz genommen«, »kontrolliert«, ja regelrecht »verfolgt« fühlen. Was Eltern häufig für Interesse am Wohl ihres Kindes halten, was sie aus Sorge um dessen Erfolg und Fortkommen »zum Besten« ihres Kindes zu tun glauben, entpuppt sich bei näherem Hinsehen nicht selten als unzulässiger Übergriff auf die Persönlichkeitsrechte der Jugendlichen. Um sich zu »retten«, greifen viele auf selbstzerstörerische Möglichkeiten zur Abgrenzung ihrer Person, zur Erlangung von Autonomie über sich selbst, ihren Körper, zurück.
Daß hier fast ausschließlich Mädchen und Frauen zu Wort kommen, liegt zunächst daran, daß noch immer etwa neun von zehn Patienten mit Eßstörungen weiblichen Geschlechts sind. Lange Zeit sprachen Ärzte und Therapeuten deshalb sogar von den »neuen Frauenkrankheiten«. Erst in jüngster Zeit wird eine deutliche Zunahme männlicher Patienten in diesem Bereich beobachtet.
Aus dieser statistischen Tatsache ergibt sich denn auch der Umstand, daß sich, von wenigen Ausnahmen abgesehen, nahezu alle Untersuchungen zu diesem Thema mit weiblichen Patientinnen beschäftigen. Über die Ursachen der zunehmenden Erkrankung von Jungen und Mädchen an Bulimie und Magersucht kann bislang nur spekuliert werden. Da im wesentlichen Patientinnen betroffen sind, richten wir unser Hauptaugenmerk bei der Ursachendiskussion auf spezifisch weibliche Lebenszusammenhänge und die Mädchensozialisation, die uns für die Entstehung

und rapide Verbreitung von Eßstörungen wesentliche Faktoren zu sein scheinen.
Im Teil III, »Die Therapie«, beschreiben und erläutern wir, stellvertretend für viele, verschiedene Therapieansätze und -einrichtungen. Natürlich gibt es darüber hinaus eine Vielfalt weiterer ambulanter und stationärer Behandlungsmöglichkeiten, die wir in dieses Buch leider nicht mehr aufnehmen konnten. Die Adressenliste und die Literaturhinweise im Anhang werden Ratsuchenden jedoch auf jeden Fall weiterhelfen.
Aus Gründen des Personenschutzes haben wir alle Namen von Betroffenen geändert. Ihnen, die uns ihre Erfahrungen so offen mitteilten, danken wir herzlich. Wir wünschen uns, daß ihre Berichte anderen Betroffenen und ihren Eltern Mut machen, den Teufelskreis der Eßstörungen zu durchbrechen. Wir danken außerdem den Selbsthilfeorganisationen, den Therapeuten und Ärzten für ihre engagierte Unterstützung. Besonderer Dank gilt der Psychotherapeutin Ulrike Schmölz und Petra von Beck.

Teil 1
Eßstörungen –
Ursachen, Symptome und Folgen

»Ich wollte aussehen wie der Star der Klasse«

Die Todesspirale: Von der Diät zur Magersucht

Die Panik, fett zu sein: Magersucht

»Ich wollte nicht mehr so pummelig aussehen. Ich fand mich am Bauch, den Oberschenkeln und an den Hüften viel zu dick und wabbelig. Ich wollte so aussehen wie Irina, der Star unserer Klasse. Deshalb nahm ich ab. Die ersten Pfunde purzelten ganz rasch. Ich war ziemlich euphorisch. Doch dann ging es nur noch im Schneckentempo. Mit 37 Kilo fand ich mich in Ordnung, hatte aber panische Angst, wieder zuzunehmen. Deshalb aß ich weiterhin lieber weniger.

Wenn ich ein Mädchen in der U-Bahn in einen Krapfen beißen sah, dachte ich nur: ›Die kann sich das ja leisten, die ist dünn. Aber ich? Nein, ich kann das wirklich nicht machen. Ja, wenn ich noch schlanker wäre…‹

Nachdem die ersten Pfunde runter waren, bewunderten mich meine Klassenkameradinnen. Auch meine Mutter fand mich jetzt hübscher und machte mir Komplimente. Doch als ich noch weniger wog, wollte sie mich ständig zum Essen verführen. Sie kochte meine Lieblingsspeisen wie Fleischpflanzl mit Bohnengemüse und zum Nachtisch Palatschinken. Aber mich kriegte sie nicht rum. Später bettelte sie, ich solle doch wenigstens ein bißchen was essen. Manchmal weinte sie. Täglich gab es Krach bei Tisch wegen des Essens. Meine Mutter stellte mir häufig etwas Leckeres in den Kühlschrank, weil sie wußte, daß ich abends manchmal nachschaute und auch ein wenig davon naschte.

Mein Vater sprach ein Machtwort und wurde ziemlich wütend. Dann appellierte er an meine Vernunft. Aber ich wollte nicht

wieder fett werden. Davor hatte ich eine unheimliche Angst. Lieber ließ ich die Spaghetti in der Serviette verschwinden und manchmal sogar im Ausschnitt des weiten Pullis. Das war ziemlich eklig und glitschig. Aber ich konnte nicht anders.
Meine jüngere Schwester war ziemlich sauer auf mich. Sie fand, daß ich immer eine Extrawurst spielen wollte. Aber sie als Nesthäkchen brauchte sich wirklich nicht zu beklagen. Mir tat die Aufmerksamkeit sehr gut. Jedenfalls am Anfang.
Später, als ich noch 33 Kilo wog, fror ich im Winter entsetzlich. Ich zog mehrere Lagen Pullover übereinander. Aber es half nichts. Eines Morgens stand ich bei minus zwanzig Grad an der Straßenbahnhaltestelle und klapperte vor Kälte mit den Zähnen. Tränen liefen mir über die Wangen. Ich glaubte, diese Kälte nicht mehr aushalten zu können. Da schwor ich mir, abends einen riesigen Teller Spaghetti zu essen, um meinen Bauch aufzuwärmen. Aber am Abend brachte ich es nicht fertig, so viele Kalorien zu mir zu nehmen.« (Anja, 17 Jahre)

Schon lange kennt man diese Symptome. 1689 beschrieb der englische Arzt Morton die Magersucht als nervöse Auszehrung. 1874 gab Sir William Gull ihr einen wissenschaftlichen Namen: *Anorexia nervosa*, auf deutsch: nervöse Appetitlosigkeit. Doch nur die wenigsten der Betroffenen leiden wirklich an Appetitlosigkeit. Vielmehr wird das Hungergefühl unterdrückt oder gar nicht mehr wahrgenommen. Manchmal wird aufkommender Hunger mit großen Mengen Mineralwasser oder Kaffee weggeschluckt.
Die deutsche Bezeichnung *Magersucht* oder *Pubertätsmagersucht* ist wesentlich treffender, weil vor allem junge Mädchen zwischen elf und siebzehn Jahren darunter leiden. Nur jeder zehnte Magersuchtpatient ist männlich. Man geht davon aus, daß zwanzig Prozent einer Jahrgangsstufe gefährdet sind, an Anorexia nervosa zu erkranken. Wirklich krank werden bis zu fünf Prozent, Tendenz steigend.

Weil die Ursachen der Anorexia nervosa bis heute nicht eindeutig geklärt sind – man spricht von Multikausalität – beschreibt man ihre Symptome und möglichen Ursachen. Um eine Diagnose stellen zu können, wurden bestimmte Kriterien herausgearbeitet, die sich im Lauf der Jahrzehnte änderten. Die *American Psychiatric Association (DSM)* hat 1987 einen überarbeiteten Kriterienkatalog herausgegeben, nach dem der Arzt die Diagnose stellen kann. Liegt eine Magersucht vor, dann sind folgende Punkte mindestens zum Teil erfüllt:

1. Die Anorektikerin weigert sich, das Körpergewicht über einem nach Alter und Größe berechneten minimalen Normalgewicht zu halten. Nach einem Gewichtsverlust wird zum Beispiel das Körpergewicht fünfzehn Prozent unterhalb des Erwartungswertes gehalten. Oder: Das Ausbleiben einer erwarteten Gewichtszunahme während einer Periode des Wachstums führt zu einem Körpergewicht, das fünfzehn Prozent unterhalb des Erwartungswertes liegt.

Das Idealgewicht wird dabei nach der sogenannten Broca-Formel berechnet:

Frauen: (Körpergröße in cm - 100) - 15 Prozent in kg

Männer: (Körpergröße in cm - 100) - 10 Prozent in kg

2. Die Anorektikerin hat große Furcht vor Gewichtszunahme oder davor, fett zu werden, auch bei bestehendem Untergewicht.
3. Störungen in der Art, wie das eigene Körpergewicht, die Größe oder Form erlebt wird: Die betreffende Person fühlt sich »fett«, auch wenn sie abgemagert ist; glaubt, ein Teil ihres Körpers sei »zu fett«, auch bei offensichtlichem Untergewicht. Die Einsicht in die Krankheit fehlt, oft wird die Krankheit schlicht geleugnet. Die Gewichtsabnahme beruht auf dem unbezwingbaren Wunsch abzunehmen, mit welchen Mitteln auch immer. Damit besitzt die Eßstörung Suchtcharakter.
4. Bei Frauen das Ausbleiben von mindestens drei aufeinander folgenden menstruellen Zyklen, wenn deren Auftreten eigentlich erwartet werden kann. (Primäre oder sekundäre Amenorr-

hö. Es wird auch dann von einer Amenorrhö ausgegangen, wenn die Menstruation nur nach Hormongaben, zum Beispiel Östrogen, auftritt).

Wichtig ist, daß sich der Arzt bei der Befragung auf das Verhalten und die Einstellung der Patientin konzentriert. Magersüchtige verleugnen meist heftig ihre Krankheit. Sie finden ihr Gewicht und Aussehen völlig normal. Die Psychotherapeutin Hilde Bruch, die sich in ihrer Arbeit ganz besonders Magersüchtigen widmete, betont bei ihrer Diagnose die offensichtlich falsche Körperwahrnehmung der Betroffenen. Susie Orbach, Psychoanalytikerin, meint, daß die Magersucht auf drastische Weise die Unsicherheit der Frauen illustriert, wieviel Platz sie in der Welt einnehmen dürfen: offensichtlich nicht viel, denn sie machen sich buchstäblich dünn.

Sie radeln, trimmen, tanzen und joggen bis zum Umfallen. Ständig sind sie in Bewegung, denn das bedeutet Kalorienverbrauch. Mit Spaß und Freude am Körper hat das nichts mehr zu tun. Jeder gegessene Krümel muß schwer abgearbeitet werden. Mehrmals am Tag wird die Waage befragt, ob die Nadel sich dem Wunschgewicht nähert. Ist es erreicht, steigen sie dennoch weiter voller Angst auf die Waage, um zu überprüfen, ob sie nicht doch wieder zugenommen haben.

Damit der Körper schlank wird und schlank bleibt, nehmen Magersüchtige häufig regelmäßig oder zumindest phasenweise Abführmittel, Appetitzügler und Ausschwemmpräparate zu sich: »Täglich nahm ich Appetitzügler über den ganzen Tag verteilt. Mit der Zeit schämte ich mich, immer in derselben Apotheke meine Mittel zu kaufen. Deshalb radelte ich oft in andere Stadtteile und sagte jedesmal, daß die Sachen für meine Mutter seien.« (Alexandra, 20 Jahre)

Manche Magersüchtige haben auch Heißhungeranfälle. Dann schlingen sie, was sie im Kühlschrank und in der Speisekammer finden können, in sich hinein. Viele erbrechen das Gegessene wieder, andere nehmen große Dosen Abführmittel und bestrafen sich mit erneutem Hungern. »Plötzlich, in der Weihnachtszeit vor einem Jahr, fing ich an, Plätzchen zu essen. Ich konnte mich nicht beherrschen. Ich aß in kürzester Zeit eine Keksdose leer. Danach schleckte ich noch ein ganzes Glas Nutella. Mir war speiübel, aber ich konnte mich nicht erbrechen.« (Dany, 18 Jahre)

Das heimliche Kotzen: Bulimie

Anorektische Jugendliche sind meist leicht an ihren ausgezehrten Körpern zu erkennen. Eine andere und möglicherweise noch größere Gruppe von Frauen leidet im verborgenen an ihrem Eßproblem. Sie fallen nicht auf, denn die meisten haben Normalgewicht. Seit einigen Jahren ist dieses Leiden unter der Bezeichnung *Bulimie, Bulimia nervosa* oder *Bulimarexie* bekannt. Übersetzt heißt das: Stierhunger. Die Betroffenen fühlen sich getrieben, Unmengen an Nahrungsmitteln zu verschlingen. 12000 (Kilo-)Kalorien und mehr stopfen sie während einer »Freßphase« in sich hinein. Das Essen gerät außer Kontrolle, verselbständigt sich. Zwanghaft wird gegessen, bis der Magen schmerzt. Statistiken sprechen von etwa 400000 betroffenen Frauen in der Bundesrepublik (alte Länder). Doch die Dunkelziffer ist viel höher, denn diese jungen Frauen zwischen achtzehn und dreißig Jahren halten sich meist für so verachtenswert, daß viele von ihnen keine Hilfe in Anspruch zu nehmen wagen.

Obwohl die Bulimie oft als »moderne« Krankheit bezeichnet wird, weil sie sich nur dort etablieren kann, wo Nahrungsmittel im Überfluß vorhanden sind, wurden unter der Bezeichnung *Bulimie, Fames canina* oder *Kynorexie* und *Phagedena* Anfälle unwiderstehlich erlebten Heißhungers und unersättlicher Hunger bereits von griechischen Autoren beschrieben. Als *Kynorexie* bezeichnete man besonders den ständigen Wechsel von Essen und spontanem Erbrechen. Heutige Autoren betonen jedoch, daß zwischen dem Erbrechen nach üppigen Gelagen bei den Römern beziehungsweise im Mittelalter und der Bulimie keine Verbindung bestehe.

Von Bulimieanfällen berichteten Ärzte auch im 19. Jahrhundert. Allerdings wurden die Bulimiesymptome bis 1932 wohl seltener im Zusammenhang mit dem Körpergewicht gesehen. Damit erscheint Bulimie heute als eine neue Variante von Eßstörungen. Ende der vierziger Jahre galt in Amerika das Sich-Übergeben nach dem Essen als Geheimtip unter Collegeschülerinnen. In den sechziger und siebziger Jahren beschrieben Autoren das Phänomen. Der plötzliche Anstieg der Patientinnenzahlen in der ersten Hälfte der achtziger Jahre hing sicherlich nicht zuletzt auch mit Veröffentlichungen in den Massenmedien zusammen. Viele chronisch erkrankte Bulimikerinnen reagierten darauf, indem sie sich behandeln ließen. Doch noch heute sprechen viele Ärzte von der Bulimie als »verschwiegener Krankheit«, weil viele Frauen allein im verborgenen leiden.

»Abends überfällt mich der Zwang zum Essen. Meist trinke ich zuerst einen Tomatensaft. Dann folgen Fleischsalate, Kuchen, Nutellabrote, ein Glas Gurken, Nudeln, Schokopudding und, und, und... Wie von Sinnen esse ich alles in mich hinein. Endlich muß ich aufhören, weil mein Bauch weh tut. Dann gehe ich auf die Toilette. Ich muß nur die Hände über dem Bauch zusammenfalten, dann kommt alles von ganz allein wieder raus. Sorgfältig achte ich darauf, daß auch ja der rote Saft dabei ist. Erschöpft, niedergeschlagen, völlig fertig und voller Haß auf mich, schwöre ich mir, daß es das letzte Mal war. Doch am nächsten Tag fängt alles wieder von vorne an.« (Renate, 24 Jahre)

Die Bulimie wurde früher oft als eine Form der Anorexie betrachtet. Heute gilt sie als eine Krankheit, deren Ursachen sicher mit der Anorexie große Ähnlichkeiten aufweisen, die jedoch in ihrer Ausprägung völlig anders ist. Manche nennen sie »die häßliche Schwester der Anorexie«.

Bulimikerinnen leben im Gegensatz zu Magersüchtigen meist unter einem enormen Leidensdruck. Sie haben große Scham- und Schuldgefühle, weil sie sich ekelerregend und schmutzig vorkommen. Von Selbstmordgedanken getrieben, möchten sie lieber tot sein, als weiter in diesem Teufelskreis zu leben. Tatsächlich ist die Suizidgefahr sehr hoch. Ihr geringes Selbstwertgefühl ist leicht verwundbar.

Bei der Diagnose der Bulimie sind folgende Merkmale von Bedeutung:

1. Wiederkehrende Phasen von Heißhunger (schnelle Aufnahme einer großen Menge von Lebensmitteln).
2. Gefühl des Kontrollverlustes für das Eßverhalten während der Episode.
3. Die betroffene Person setzt regelmäßig selbstinduziertes Erbrechen, Abführmittel, Diuretika, strenge Diät, Fasten oder extreme Körperübungen ein, um eine Gewichtszunahme zu verhindern.
4. Durchschnittlich mindestens zwei Heißhunger-Phasen pro Woche für mindestens drei Monate.
5. Andauernde übermäßige Beschäftigung mit der Körperform und dem Gewicht.

Für die Soziologin Johanna Beyer spiegelt sich in der Bulimie als individueller Krankheit zugleich die Krankheit unserer Gesellschaft: »Um unsere Produktion am Laufen zu halten, müssen wir das, was wir produziert haben, vernichten. Und genau das machen bulimische Frauen. Sie essen und erbrechen. Das Essen wird vernichtet, um wieder kalorienreiche Nahrungsmittel einzukaufen. Das ist Ausdruck einer Gesellschaft, die nichts behalten, nichts genießen kann, sondern alles wegwirft. Ich denke, daß Frauen mit einer hohen Sensibilität dieses gesellschaftliche Problem an ihrem Körper austragen. Die epidemische Zunahme von bulimischen Frauen ist ein Alarmsignal dafür, wie wir unser Leben praktizieren und wie unsere Wirtschaft funktioniert.«

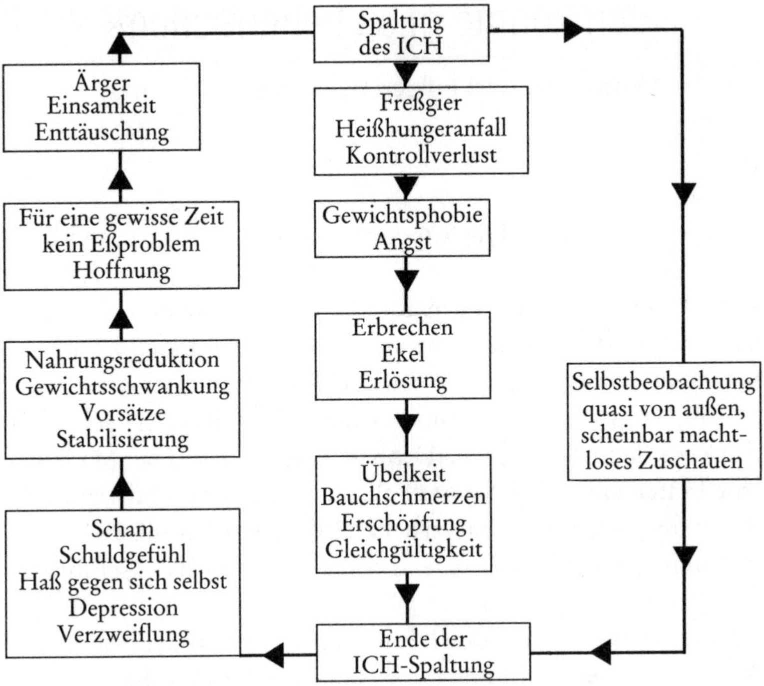

Der Teufelskreis der Bulimie

»Ich konnte mich beherrschen«

Symptome und Folgen des Gewichtverlustes

Die Suppenkasperin

Irgendwann fällt den Eltern auf, daß ihr Kind blaß und schmal bei Tisch sitzt. Aufforderungen, herzhaft beim Essen zuzugreifen, bleiben unerwidert. Das Mädchen stochert lustlos im Essen herum, hat, wie sie sagt, keinen Appetit. Da hilft kein liebevolles Zureden, kein Schimpfen, Drohen oder Toben. Das Mädchen lebt hinter einer Art Schutzwall, den nichts durchdringt. Mit ihrem disziplinierten Diätverhalten fühlt sie sich zunächst bestätigt und genießt durch ihre enorme Leistung das Gefühl der Überlegenheit über andere.

»Ich finde mich total okay. Ich weiß gar nicht, was meine Eltern haben. Die meckern immer rum, daß ich zu dünn bin. Ich bin halt sehr zierlich.« (Hanna, 14 Jahre)

Brigitte Boothe, führende Schweizer Psychologin, spricht von einer »Aura der unberührbaren Mädchen-Fee« bei sehr jungen Patientinnen. »Sie erleben eine gewisse Befreiung von der intensiven Befürchtung, als weibliche Personen mit entsprechender körperlicher Ausstattung sexuelle Verfügbarkeit gewähren zu müssen.«[1]

Werden Magersüchtige auf Gewichtsverluste angesprochen, reagieren sie oft gereizt und aggressiv. Eltern stoßen auf Widerstand. Das irritiert sie, denn das waren sie bisher nicht gewöhnt. Doch Hungern ist für die Tochter »lebensnotwendig« geworden, ihr Bereich der Autonomie, den sie nicht aufgeben kann und will. Nicht ohne Genuß erzählen Magersüchtige, daß sie ihre Eltern noch nie so emotional und hilflos erlebt haben wie im Kampf mit ihnen um eine Gewichtszunahme.

Das Mädchen teilt Nahrungsmittel in erlaubte und verbotene ein. Erlaubt sind alle wasserreichen Gemüse wie Gurken, Tomaten oder wasserreiches Obst. Sie genießt nicht mehr das Essen, sondern zählt nur noch die Kalorien. Nudeln, Brot, Kuchen, Nüsse, Schokolade und andere hochkalorische Speisen stehen auf der Verbotsliste.

Obwohl die Magersüchtige nichts ißt, beschäftigt sie sich ständig mit dem Essen. Sie schneidet Rezepte aus und liest Kochbücher wie andere Gleichaltrige spannende Abenteuerromane. Leidenschaftlich gern kocht sie für die ganze Familie. Dabei entwickelt sie sich oft regelrecht zur Kochexpertin. Wenn die Familie gut gegessen hat und satt ist, ist die Magersüchtige zufrieden. Weil sich ständig alles ums Essen dreht, zieht sie sich immer mehr von Gleichaltrigen zurück. Das kann zur völligen Isolierung führen, aus der das Mädchen alleine nicht mehr herauskommt.

»Am liebsten saß ich mit italienischen Kochrezepten in meinem Zimmer und suchte mir die leckersten Speisen aus, manchmal stellte ich Menüs zusammen, die ich am Wochenende dann ausprobieren wollte. Eines meiner Lieblingsgerichte war Spaghetti mit Pesto und dick Parmesankäse drüber. Ich stellte mir vor, wie es schmecken würde. Fast spürte ich den vollen Geschmack auf der Zunge. Aber ich konnte mich beherrschen. Ich brauchte nicht soviel wie die anderen. Italienische Nachspeisen mochte ich besonders. Am Wochenende probierte ich sie dann aus. Wenn ich kostete, schluckte ich das nie herunter. Das hätte ich nicht fertiggebracht. Den Geschmack hatte ich ja, auf die Kalorien konnte ich gut verzichten. Die spuckte ich in den Mülleimer.« (Dany, 18 Jahre)

Das Abmagern kann sehr bedrohlich werden. Mit der Zeit verstärken sich die körperlichen Symptome: Zunächst bleibt die Monatsblutung aus, der anämische Körper braucht das Blut. Häufig leiden Magersüchtige an Verstopfung, Blähungen und Völlegefühl nach dem Essen.

Die ständige Überaktivität des Mädchens kann nicht darüber

hinwegtäuschen, daß der Körper immer schwächer wird. Er ist von Auszehrung gezeichnet. Der Eiweißmangel führt dazu, daß langsam Muskelmasse abgebaut wird. Als Überlebensreaktion fährt der Körper seinen Verbrauch herunter, läuft nur noch auf Sparflamme. Wegen Vitamin- und Mineralstoffmangels werden die Haare brüchig und fallen aus, die Haut trocknet aus und wird schuppig und faltig. Häufig verlangsamt sich der Herzschlag, der Blutdruck wird niedriger. Durch verminderte Kaliumzufuhr gerät der Flüssigkeitshaushalt des Körpers völlig durcheinander. Es kommt zu schweren Störungen. Bei vielen Mädchen bedeckt ein feiner Flaum Rücken und Brust, die sogenannte Lanugobehaarung. Die Finger der Mädchen können sich blau färben.

Weil anorektische und auch manche bulimische Eßstörungen schon mit der Pubertät beginnen, wenn sich das Mädchen noch in der Wachstumsphase befindet, kann der verminderte Östrogenspiegel eine unzureichende Mineralisierung der Knochen zur Folge haben. Das kann später im Erwachsenenalter zu brüchigen Knochen führen. Durch Vitamin D-Mangel kam es schon zu plötzlichen Wirbelbrüchen.

Doch nicht allein der Körper verändert sich. Auch psychisch treten Veränderungen auf. So kann es zu zwanghaften Handlungen kommen: »Ich begann, meine Handtasche auszuräumen und das einzupacken, was ich am nächsten Tag brauchte: Zigaretten, Geldbeutel, Schminksachen, Bonbons, Kugelschreiber und Zettel. Ich räumte die Tasche wieder aus und erneut ein. Das machte ich so lange, bis ich nicht mehr konnte. ›Nicht mehr konnte‹ in dem Sinn, daß es für mich eine Qual war. Ich schwitzte dabei. Der Schweiß war sonderbar und kalt. Ich wußte, daß das, was ich da tat, nicht normal war, und wollte es eigentlich nicht, aber ich konnte nicht aufhören. Irgendwann hörte ich doch damit auf, doch dann fing ich an zu putzen. Ich putzte das Bad, den Küchenboden, die Küchenschränke, die Regale im Wohnzimmer… einfach alles, was zu putzen war. Auch dabei wußte ich, daß es nicht normal war, denn ich hatte ja alles am Tag zuvor schon geputzt. Auf dem Fensterbrett standen verschiedene kleine Kakteen und auch etwas größere Blumentöpfe. Ich hatte mir vorgenommen, das Fensterbrett abzuwischen. Doch daraus wurde immer stundenlanges Herumschieben der Blumentöpfe, um auszuprobieren, welcher wo stehen sollte, damit es mir auch wirklich gefiel. Alles sollte perfekt sein.« (Hella, 24 Jahre, damals 32 Kilogramm, heute 45 Kilogramm)

Für Hella ist der Alptraum zu Ende. Sie nahm auf 45 Kilogramm zu, und der Zwang verlor sich. Zwar erlebt sie auch heute noch Rückschläge, aber sie will es schaffen, wieder Spaß am Leben zu haben und arbeiten zu gehen. Ihr Ziel ist, ihr Leben selbst in die Hand zu nehmen.

Einige Magersüchtige verlieren soviel Gewicht, daß sie im Krankenhaus mit der Sonde ernährt werden müssen. Wichtig ist, daß, sobald der Gewichtsverlust nicht mehr lebensbedrohlich ist, die eigentlichen Probleme, die das Mädchen mit dem Eßproblem koppelte, aufgedeckt und zusammen mit Therapeuten bearbeitet werden. Aufpäppeln allein genügt nicht! Die Jugendliche hat sonst nur das Gefühl, daß sie gemästet werden soll, damit das sichtbare Phänomen der Magersucht verschwindet. Nach einer bloßen Gewichtszunahme ist der Rückfall vorprogrammiert. Zahlreiche Kliniken wissen darum und bieten eine ganze Palette an Therapieprogrammen an.

Doch manchmal kommt jede Hilfe zu spät. In sich verschlossen, finden viele Magersüchtige keinen Weg mehr aus ihrem selbstgebauten Käfig. Die wenigsten von ihnen verhungern, häufiger sterben sie am Versagen wichtiger Organe, etwa dem Herz, der Leber oder der Nieren. Aber schon eine einfache, von Fieber begleitete Erkältung kann für die körperlich Geschwächten tödlich sein. Darüber gibt es keine genauen Zahlen. Übersichten nennen bis zu 25 Prozent Todesfälle.

Harmlos fängt es an

»Ich schäme mich, soviel zu essen. Aber immer wieder werde ich von Heißhungerattacken überfallen. Meistens kommen sie nachmittags, wenn ich lustlos über meinen Schulaufgaben sitze. Dann gehe ich an den Brotkasten und schneide mir dicke Scheiben vom Brotlaib herunter. Mit Senf, mit Marmelade, mit Nutella und mit Wurst futtere ich eine Scheibe nach der anderen. Irgendwie kann ich erst aufhören, wenn ich heftige Bauchschmerzen habe.« (Brigitte, 15 Jahre, Bulimikerin)

Wie von Geisterhand verschwinden die Nahrungsmittel aus dem Kühlschrank und der Speisekammer. Die Eltern sehen das Kind selten essen, und doch ist der Vorratsschrank ständig leer. Leben Bulimikerinnen noch zu Hause, so fällt das veränderte Eßverhalten meistens auf. Doch viele der jungen Frauen haben ihre eigenen vier Wände, in denen sie ihr Leiden ausleben.

Häufig fängt die Bulimie ganz harmlos an, nämlich mit einer Diät. Zum Beispiel Brigitte: Sie fand sich zu dick und wollte abnehmen. Doch während der Diät quälten sie ständig Hungergefühle. Oft schaute sie auf die Uhr, wann sie die nächste Mahlzeit endlich einnehmen durfte. Sie wurde launisch, gereizt, nervös und angespannt. Zum Schluß konnte sie dem Hungergefühl nicht mehr standhalten und begann, im Übermaß zu essen. Aus Angst zuzunehmen, erbrach sie sich anschließend. Heute ißt sie nach jedem Essen mehrere Eßlöffel Leinsamen, damit ja nichts ansetzt.

Freßanfälle enden meist in heftigen Leibschmerzen und werden von tiefer depressiver Stimmung, von Scham- und Schuldgefühlen begleitet, die nicht selten in Selbstmordgedanken münden. Manche der Frauen zeigen Tendenzen, sich selbst zu verletzen. Sie nehmen Medikamente mit schweren Nebenwirkungen ein oder verletzen sich an den Fingern und am Nagelbett mit scharfen, spitzen Gegenständen.

Das Leben als Bulimikerin hat auch körperliche Konsequenzen.

Die Magensäure zerstört den Zahnschmelz, die Zähne werden kariös. Auch an den Händen kann man manchmal Bulimikerinnen erkennen, wenn die Handknöchel Verletzungen durch die Magensäure aufweisen. Die Speiseröhre kann so entzündet sein, daß keine festen Speisen mehr gegessen werden können. Rachenblutungen und Verletzungen der Stimmbänder kommen ebenfalls vor. Das ständige Überdehnen des Magens kann Risse in der Magenwand hervorrufen. Manche Frauen erleiden durch den Entzug lebenswichtiger Nährstoffe wie zum Beispiel Kalium Schwächeanfälle oder sogar epileptische Anfälle. Die gewohnheitsmäßige Einnahme von Abführmitteln kann ernsthafte körperliche Probleme nach sich ziehen: Es kommt zu Darmblutungen, zu Dünn- und Dickdarmentzündungen, zu Störungen des Fettabbaus und zu Verstopfungen. Ziemlich regelmäßig treten Herzrhythmusstörungen auf, die allerdings nicht weiter gefährlich sind. Doch auch Bulimie kann tödlich enden: Bei stark absinkenden Kaliumwerten kann es zu tödlichem Herz- und Nierenversagen kommen.

Therapie – aber wie?

Je früher eine Magersucht behandelt wird, desto größer ist die Chance einer völligen Ausheilung. »Eine Magersüchtige ist nicht einfach ein Mädchen oder eine junge Frau, die nicht ißt und die als geheilt betrachtet werden kann, wenn sie wieder zu essen beginnt. Es handelt sich vielmehr um jemanden, der nicht weiß, wie er anders als durch Nichtessen leben kann.«[2]

Die Zahlen sind sehr unterschiedlich. Die einen sprechen von vierzig Prozent der Behandelten, die völlig wiederhergestellt werden, andere von dreißig Prozent. Über den Daumen gepeilt sagt man, etwa dreißig Prozent der behandelten Magersüchtigen werden geheilt, etwa dreißig Prozent zeigen nach einer therapeutischen Behandlung weiterhin eßgestörtes Verhalten, mit dem sie aber im Alltag zurechtkommen, und weitere dreißig Prozent bleiben chronisch magersüchtig. Allgemein rechnet man bei therapeutischen Maßnahmen – ohne Differenzierung des Krankheitsbildes und der therapeutischen Schulen – mit einer Erfolgsquote von circa 65 Prozent. Familientherapien scheinen bei jüngeren Patientinnen sehr erfolgreich zu verlaufen. Dort kann der Therapeut den übrigen Familienmitgliedern einen Teil der Arbeit zumuten. Inzwischen ist es bei vielen Therapien allgemein üblich, die Familie oder Angehörige mit einzubeziehen.

Grundsätzlich hat es sich gezeigt, daß das Erlangen des Normalgewichts und eine Besserung nur der körperlichen Symptome keine ausreichenden Kriterien sind, um zum Beispiel eine Entlassung aus dem Krankenhaus zu rechtfertigen. Nur direkte Sozialbeziehungen scheinen wirklich eine Veränderung herbeizuführen. Aus diesem Grund kam ein Forscherteam aus Hamburg und Dortmund bei schwer erkrankten Anorexie-Patientinnen zu dem Ergebnis: »Entlassen werden darf, wenn die Patientin auf mindestens ein oder zwei Menschen hinweisen kann, zu denen sie Vertrauen hat (zum Beispiel eine Freundin, ein sie nicht bedrängender Verwandter oder Bekannter und so weiter), und von denen ausgehend sie ein neues soziales Feld aufbauen kann; ist diese Situation nicht gegeben, müssen nachsorgende Institutionen (zum Beispiel Nachtklinik, Wohngemeinschaft) zwischengeschaltet werden.«[3]

Besonders ungünstig ist die Prognose, wenn der Gewichtsverlust vor Behandlungsbeginn massiv mit Hilfe von Erbrechen herbeigeführt wurde und wenn bulimische Episoden vorkommen. Dagegen nimmt die Krankheit im allgemeinen einen günstigeren Verlauf, wenn die Gewichtsabnahme Ausdruck einer vorübergehenden Krise ist.

»Uns Kinder fragte keiner«

Familienstrukturen I: Kontrolle total

Keiner darf aus der Reihe tanzen

Ärzte und Psychotherapeuten sind immer wieder überrascht, daß in Familien mit Magersüchtigen das Drama gerade im Undramatischen, im Gewöhnlichen liegt. Es sind Familien, wie wir sie alle kennen. Allerdings gibt es in vielen ähnlichen Familien eben keine magersüchtigen Kinder. Das gibt, wie vieles an diesem Krankheitsbild, Rätsel auf: Warum manifestiert sich in der einen Familie die Krankheit, warum bleibt die andere davon verschont? Eine eindeutige Antwort auf diese Frage hat bislang niemand geben können.

Meist ist in betroffenen Familien der Vater der Ernährer der Familie, während die Mutter, oft mit guter Ausbildung, etwas hinzu verdient. Sie ist für alle häuslichen Belange zuständig und nur berufstätig, soweit diese es ihr gestatten. Eine eigene Karriere stellt sie zugunsten der Familie hintenan. Einem Beruf geht sie nur nach, wenn die Kinder im Kindergarten beziehungsweise in der Schule sind. Mittags ist die Mutter für die Kinder da.

In diesen Familien gilt vor allem das Wort des Vaters. Seinen Anordnungen wird Folge geleistet, von der Mutter wie von den Kindern: »Mein Mann ist der Stärkere und führt mich. Und ich lasse mich gerne führen. Er hat einen stärkeren Charakter als ich. Ich lenke um des Friedens willen ein, möchte ein harmonisches Eheleben haben.« (Mutter einer Magersüchtigen)

Großer Wert wird auf die Karriere des Mannes, die Erziehung und optimale Ausbildung der Kinder und auf körperliche Fitness gelegt. Sport und Körpertraining sind wichtige Bestandteile

der Freizeit. Die Tage sind in hohem Maße durchorganisiert, Arbeit und Termine nehmen breiten Raum ein.
Häufig bleibt die Familie unter sich. »Freunde meiner Eltern kamen selten, mein Vater mochte das nicht. Er wollte am Wochenende Ruhe haben. Besuch war stets mit Trubel und Streß verbunden.« (Babsi, 17 Jahre)
»Wir sechs gegen den Rest der Welt. Spätestens nach zwei Jahren packten wir wieder die Koffer und zogen in eine fremde Stadt. Mein Vater wurde dauernd versetzt. Das brachte sein Beruf mit sich. Manchmal wollte meine Mutter nicht mehr, hatte die Nase voll. Doch immer wieder überredete mein Vater sie und sagte, daß sie ja auch etwas davon habe, wenn er im Beruf vorankommt und noch mehr verdient. Das zog meistens. Uns Kinder fragte keiner.« (Valeska, 21 Jahre, Schwester einer Magersüchtigen)
Die Familien schließen sich eng zusammen. Keiner darf aus der Reihe tanzen. Die Unsicherheit der Familienmitglieder ist bemerkenswert. Ihnen fehlt oft die Erfahrung, unbefangen mit Fremden oder auch Verwandten umzugehen. Das gilt besonders für die Kinder, die in ihren Eltern, besonders aber in der Mutter, für selbstsicheres Verhalten kein Vorbild finden. »Einmal war ich bei meiner Tante und bei meinem Onkel in den Ferien zu Besuch. Es hätte schön sein können. Mich strengte jedoch der Aufenthalt an. Vor allem während der Mahlzeiten fühlte ich mich unbehaglich und unsicher. Wie sollte ich mich benehmen? Wann durfte ich noch um eine weitere Portion bitten? Manchmal stand ich halbhungrig vom Tisch auf, weil ich mich nicht traute weiterzuessen, wenn die Erwachsenen schon Gabel und Messer beiseite gelegt hatten.« (Dany, 18 Jahre)
Innerhalb der Familie scheinen die Kinder die Spielregeln zu kennen und zu beherrschen. Vieles muß in diesen Familien geahnt und erspürt werden, denn Wünsche, Bedürfnisse, Kritik werden nur selten laut geäußert. Die Grenzen zwischen den einzelnen Personen sind verwischt. Oft redet man für den anderen, glaubt zu wissen, was er denkt. Nach außen schottet sich die

Familie ab. Einflüsse und Veränderungen, die von jenseits der Haustür kommen, werden ängstlich und mißtrauisch beäugt. Die Welt vor der Tür erscheint als unberechenbar und feindlich. Oft herrscht in diesen Familien ein starkes Schwarzweißdenken vor, ein Entweder-Oder. Graustufen gibt es nicht, sie scheinen für die Familienmitglieder nur faule Kompromisse zu sein.

Nichts bleibt verborgen

Eine solche Familie gleicht einem Haus, in dem alle Zimmer miteinander verbunden sind und alle Türen weit offenstehen. Das ist oft wortwörtlich so. Die Wohnung bietet kaum Rückzugsmöglichkeiten für die einzelnen Familienmitglieder, auch die Badezimmertüren bleiben unverschlossen. Keiner in der Familie darf etwas vor den anderen verbergen. Man erzählt einander alles: »Nur das Klo war bei uns zum Abschließen. Stundenlang saß ich dort und schmökerte in Büchern. Meine Eltern fanden das ziemlich unappetitlich. Aber ich war froh, einen Platz zu haben, wo mich niemand etwas fragen konnte und ich meine Ruhe hatte. Oft schaute meine Mutter nach, was wir in unserem Zimmer wohl trieben, wenn sie keine Geräusche hörte. Irgendwann verboten meine Schwester und ich ihr, ins Zimmer zu kommen. Das Schlüsselloch verstopften wir mit Silberfolie. Meine Mutter merkte das recht schnell, wahrscheinlich hatte sie versucht, uns durchs Schlüsselloch zu beobachten. Meine Mutter las auch alle Briefe, die ich bekam. Ich traute mich nicht zu sagen, daß ich das unmöglich finde. Sie hätte geglaubt, daß ich ihr etwas verheimliche. Manchmal hatte ich das Gefühl, daß nichts vor den Augen meiner Mutter verborgen bleiben konnte. Ich begann, unglaublich geschickt zu lügen. Das wurde lange Zeit zu meiner zweiten Natur.« (Valeska, 21 Jahre)
»Wenn ich abends ausgehen wollte, mußte ich immer sehr darum kämpfen. Meine Mutter war ängstlich. Immer dachte sie sich die

schrecklichsten Dinge aus, die passieren könnten. Meist war die Stimmung dann angespannt. Deshalb verzichtete ich häufiger aufs Ausgehen, um dem Kampf auszuweichen.« (Dany)
Die Bindung des Kindes an die Eltern ist stark. Niemand darf verletzt werden. Die heile Welt soll so bleiben, wie sie ist. Und doch, mit dem Aufbruch der Heranwachsenden in der Pubertät, wo die Gefühle verrückt spielen, die Logik nicht mehr zwingend ist, Vernunftsgründe abgewehrt werden, müßte sich einiges in den Familien ändern. Mit Hungern hoffen etwa die Pubertierenden, mehr Macht über sich, ihre Gefühle, ihren Körper bekommen zu können, um irgendwann damit auch in der Welt der anderen zu bestehen. Einen anderen Ausweg aus der scheinbar hoffnungslosen Situation sehen sie nicht. Damit schließt sich ein Teufelskreis, der jahrelang, oft ein Leben lang, nicht mehr durchbrochen wird: »Ich darf nicht so sein, wie ich bin. Damit verletze ich meine Mutter unendlich. Sie hat alles für mich getan, ihre berufliche Karriere für mich geopfert. Und doch, manchmal habe ich eine unglaubliche Wut auf sie. Sie redet immer so dummes Zeug daher. Dann mache ich, daß ich in mein Zimmer komme, sonst schreie ich sie an. Nachher bin ich ganz geknickt und fühle mich total schuldig.« (Silke, 18 Jahre, magersüchtig)

Bindung und Trennung

Aber auch andere Probleme, die nicht leicht zu bewältigen sind, können hinter Eßstörungen stecken, zum Beispiel der Tod der heißgeliebten Großeltern oder der Weggang des Vaters. Trennungen von geliebten Personen werden von den meisten Kindern nur schwer verkraftet. Sie leiden sehr darunter und fühlen sich mitunter auch schuldig, wenn ein Elternteil die Familie verläßt. Wissenschaftler haben festgestellt, daß es vor allem bei Bulimikerinnen in den ersten Lebensjahren häufig zu Trennungen von geliebten Personen kam.[4]

»Ich war gerade drei Jahre. Da wurde ich schwer krank und mußte ins Krankenhaus. Damals war es noch nicht üblich, daß die Eltern die Kinder den ganzen Tag besuchen konnten oder gar bei ihnen bleiben durften. Meine Eltern besuchten mich nur hin und wieder. Natürlich erinnere ich mich auch nicht mehr so genau daran. Aber manchmal spürte ich eine tiefe Leere und Verzweiflung.« (Melanie, 26 Jahre)

»Meinen Vater bewundere ich grenzenlos«

Familienstrukturen II: Töchter und Väter

Welche Position nimmt der Vater einer magersüchtigen Tochter in der Familie ein? Nicht immer läßt sich diese Position leicht durchschauen. Er scheint mit Problemen, in diesem Fall die Magersucht oder Bulimie seines Kindes, emotionsloser umzugehen als seine Frau. Doch glauben wir, daß diese Emotionslosigkeit antrainiert ist, um sich ja keine Schwäche oder Blöße zu geben. Der oft wesentlich heftiger reagierenden Frau, die weint und schimpft, steht er mit scheinbar kühlem Kopf gegenüber. Seine Stärke ist die Sachlichkeit, und darauf ist er stolz. Nur sachlich Geprüftes wird anerkannt. Gefühle muß man seiner Meinung nach beherrschen können. Dahinter steckt oft eine enorme Angst vor der unberechenbaren Welt der Gefühle. Väter entziehen sich ihr, denn die Gefühlswelt ist für sie Sache der Frau. Der Mann muß einen klaren Kopf bewahren. Die Klischees sind programmiert: Seine Ideale heißen Jugendlichkeit, Dynamik, Stärke, Erfolg, Sachlichkeit und also Emotionslosigkeit. Aus diesem Grund hat er im Beruf meist Erfolg und klettert auf der Karriereleiter nach oben.

Für die übrigen Familienmitglieder steht der Vater auf einem Podest, das besonders die Mutter und die Tochter zu erhöhen suchen: »Meinen Vater bewundere ich grenzenlos. Was der alles auf die Beine gestellt hat! Manchmal wünsche ich mir, wenigstens etwas von dem auch zu erreichen. Er wägt alles genau ab und versucht, die Dinge und Probleme von allen Seiten her zu beleuchten, um dann zu einem objektiven Urteil zu kommen.« (Julia, 18 Jahre, magersüchtig)

»Den alltäglichen Kleinkram, Ärger in der Schule oder Streit der Kinder hielt ich von meinem Mann immer fern. Er muß so hart

arbeiten. Ich dachte, da ist es nur gerechtfertigt, wenn er am Abend seine Ruhe hat. Heute hat sich bei uns schon viel verändert.« (Mutter einer bulimischen Anorektikerin)
»Wenn mein Papa heimkam, durften wir nie auf ihn losstürmen. Meine Mutter mahnte meinen Bruder und mich immer, ja artig zu sein.« (Dany, 18 Jahre)

»Ich wollte immer ein Junge sein«

Oft interessiert sich der Vater für die Entwicklung seiner Tochter, solange sie noch nicht in der Pubertät ist. Er spielt mit ihr und nimmt an ihren kleinen und großen Schulproblemen regen Anteil. Als ob ihm mit dem Beginn der Pubertät deutlich würde, daß dieses Kind sich nie in seinesgleichen verwandeln wird, wendet er sich häufig abrupt von seiner Tochter ab. Das Mädchen fühlt sich dadurch zutiefst verletzt. Als Frau ist sie ihm kein ebenbürtiger Gesprächspartner mehr. Mit Busen und Monatsblutung soll sie sich plötzlich in die Riege der Frauen, die sie ja selbst so verachtet, einreihen: »Ich wollte immer ein Junge sein. Solange ich zurückdenken kann, hatte ich Löcher in den Strümpfen, das kam von all den wilden Spielen und Klettereien. Täglich läuteten mich die Jungen aus der Nachbarschaft heraus. Mit Mädchen konnte ich nichts anfangen. Ich habe auch nie mit Puppen gespielt. Mein Vater war stolz auf mich. Sonntags streiften wir oft stundenlang durch die Umgebung. Meine Mutter war richtig eifersüchtig und wollte mich abends bei ihm anschwärzen. Aber er zog meine Gesellschaft vor. Eines Tages stellte ich mit Entsetzen fest, daß mein Busen wuchs. Von da an trug ich nur noch Schlabberpullis. Als ich meine Regel bekam, war ich wie paralysiert. Jetzt wurde ich doch eine Frau. Mit meinen äußeren Veränderungen veränderte sich auch das Verhalten meines Vaters. Er zog mich nicht mehr ins Vertrauen. Wandte sich von mir ab. Das hat mich tief verletzt. Ich wollte keine Frau werden. Jahrelang bin ich hinter ihm hergerannt, habe unheimlich gebüffelt, wollte in der Schule gut sein. Doch es hat nichts genützt. Ich begann meinen Vater zu hassen.« (Regine, 25 Jahre, früher magersüchtig)

Töchter, die sich über männliche Ideale identifizieren, die sich das Selbstverständnis und die Weltanschauung der Väter aneignen, zahlen einen hohen Preis. Von Selbstzweifeln und Selbstverachtung zerfressen, von Gefühlen der Sinnlosigkeit des eigenen Tuns verfolgt, fragen sich die Mädchen: Wer bin ich? Sie definieren sich über Leistung und Arbeit, die auch dem Vater so außerordentlich wichtig sind. Damit verhält sich das Mädchen im Grunde nicht anders als ihre Geschlechtsgenossinnen, die sich als Ehefrau und Mutter über das Gefühl, gebraucht zu werden, definieren. Beide haben ihr eigenes Selbst noch nicht gefunden.

»Silke hat gar keinen Grund, kein Selbstbewußtsein zu haben. Sie hat ja alles toll gemeistert: problemlose Schulwechsel, tolles Abizeugnis, alles meisterte sie mit Bravour. Wir ergriffen eigentlich Maßnahmen, damit ein selbständiger Mensch heranwächst. Sie reiste allein zu weit entfernten Verwandten, sah mit uns die halbe Welt. Wir haben geglaubt, das baut einen Menschen auf, das, was er hat, das, was er ist. Heute müssen wir sagen: Das war wahrscheinlich zuviel des Guten oder war nicht das Richtige. Heute erwartet Silke, daß jeder springt und rennt, wenn sie nur ein Wort äußert. Sie bringt in die Familiengemeinschaft nichts ein. Fairerweise muß man aber die Palette von zwei Seiten sehen. Silke hatte es nie leicht gehabt mit zwei so gescheiten Eltern, die glaubten, das Kind ganz eng zu führen. Die eigentliche Selbständigkeit, die ich in meiner Jugend hatte, besaß sie nie. Alles wurde ihr gesagt, sie wurde gemahnt und erinnert. Bei uns hat es ein Kind schwergehabt.« (Vater einer Magersüchtigen)

Unbehelligt von den kleinen Alltäglichkeiten des Familienlebens, fehlt dem Mann der Einblick, und so zeigt er nicht selten ein erstaunlich geringes Interesse an der Familiengemeinschaft. Nur für die ganz »großen Probleme« wird sein Rat eingeholt. Er ist derjenige, der Autorität ausstrahlt, obgleich auch sein Selbstwertgefühl leicht störbar ist. Doch das ahnen die übrigen Familienmitglieder nicht einmal.

Die Gier nach Liebe und Anerkennung

Die Töchter in diesen Familien haben gelernt, daß Leistung zählt. Also leisten sie. In der Schule sind die Noten hervorragend, beim Sport und auch auf anderen Gebieten tut sich das Mädchen hervor. Obwohl sie immer mehr leistet, wird sie immer unsicherer: Werde ich um meiner selbst willen geliebt? Oder werde ich nur gemocht, weil die Eltern mit mir so gut prahlen können? Die Zweifel nagen. Und eigentlich – ganz tief im Innern – ist sich das Kind sicher, daß wirklich nur die Leistung zählt. Immer wieder aufs neue möchte die Tochter die Aufmerksamkeit der Eltern erringen, möchte in den Arm genommen, geliebt werden und etwas ganz Besonderes sein. Aus diesem Grund ist sie außerordentlich nett und liebenswürdig und bereit, stets den Erwartungen der Eltern zu entsprechen, ihnen alles zu opfern. Weil sie so »unproblematisch« ist, sich jeder Situation anpaßt und nicht klagt, wird sie tatsächlich oft übersehen.

»Meine Eltern wollten, daß ich aufs Gymnasium gehe. Nachdem ich zweimal die Aufnahmeprüfung nicht bestanden hatte, schleppten sie mich zu einer Psychologin. Die sollte feststellen, ob ich intelligent genug war. Zu der Frau faßte ich sofort Vertrauen. Ich wäre gern öfter zu ihr hingegangen. Meinen Eltern sagte sie, daß es an der Intelligenz nicht fehlen würde, aber ich sei nicht ehrgeizig genug. Das war kein Grund. Also mußte ich aufs Gymnasium, obwohl ich gar nicht wollte.« (Maria, 25 Jahre)

Viele Eltern jammern im nachhinein: »Sie war so ein liebes, unauffälliges Mädchen. Wir wissen gar nicht, was in sie gefahren ist,

daß sie sich plötzlich weigert, an den Mahlzeiten teilzunehmen. Jetzt ist sie völlig verstockt. Kein Reden, keine Tränen können diesen Zustand verändern.« (Mutter einer Magersüchtigen)
»Manchmal kaufte ich meiner Mutter von dem Geld, das ich von der Nachbarin bekam, wenn ich ihr im Supermarkt Lebensmittel besorgte, eine Rose oder ein Stück Kuchen. Ich wollte, daß sie sich ganz besonders darüber freut und mich liebhat. Aber soviel ich mir auch überlegte, wie ich ihre Aufmerksamkeit auf mich lenken könnte, immer war meine ältere Schwester das Lieblingskind, weil sie so zart und nervlich nicht belastbar war. Dabei hatte sie viel schlechtere Noten als ich. Erst als ich dünn war und kaum mehr aß, kümmerte sich meine Mutter ganz besonders um mich.« (Monika, 18 Jahre)

Autonomie und Kontrollverlust

Mit Beginn der Pubertät passiert für das junge Mädchen etwas völlig Unerwartetes: Ihr Körper verändert sich. Langsam entdeckt sie, daß der Busen wächst, daß sich im Schambereich winzige Haare kringeln. Der Körper wird fülliger, runder. Doch das ist noch nicht alles. Aus der Kindheit herausgeworfen, an der Schwelle zum Erwachsensein, kommt die vorherige Sicherheit ins Wanken. Mit dem Körper verändert sich auch der Geist. Der Psychoanalytiker Erik Erikson nannte den ersten Teil des Jugendalters eine Zeit, »in der all die Gleichheit und Kontinuität, auf die zuvor Verlaß war, wieder in Frage gestellt wird.«[5]
Der Körper kann dann als etwas Fremdes, Eigenständiges erfahren werden, der Bedürfnisse hat, die man befriedigen soll. Ein Abspaltungsprozeß von Körper und Geist beginnt. Der Körper macht in den Augen der Bulimikerin beziehungsweise der Magersüchtigen, was er will. Er stellt Forderungen, die rigider Kontrolle bedürfen, wenn sie nicht im völligen Kontrollverlust enden sollen. Also versucht die junge Frau, ihn in den Griff zu

bekommen. Hat die Magersüchtige das zum Beispiel geschafft, indem sie jegliches Hungergefühl ignoriert, dann hofft sie, damit all das andere Unberechenbare ebenfalls langsam in den Griff zu bekommen. Emotionen können nicht mehr wie unerwartete Gewitter über sie hereinbrechen. Gefühle auszuleben ist schwierig. Das gilt für jeden Menschen in unserer Gesellschaft. Eßgestörte erleben jedoch Frustrationen, Enttäuschungen, scheinbares Versagen und Ablehnung als mittlere Gefühlskatastrophen. Die Unsicherheit über den eigenen Wert wird auf den Körper projiziert. Stimmt erst einmal der Körperumfang, dann, so nehmen sie an, stimmt auch bald all das andere, was dazugehört. Dann sind sie anerkannt, und Enttäuschungen oder Verletzungen durch die anderen kommen nicht mehr vor. Der Körper wird zum Panzer gegen alle Unwägbarkeiten.

Das Mädchen scheint überzeugt zu sein, keinen inneren Wert, keine Substanz zu besitzen. Deshalb setzt sie alles daran, dem Bild zu entsprechen, das andere von ihr haben. Sie verlernt, eigene Wünsche zu haben, und wie sie diese äußern soll. Verzweifelt spürt sie die innere Leere und hofft, diese durch normgerechtes Verhalten zuzudecken. Sie weiß nicht, daß das »Ich« einfach nur klein ist und darauf wartet, gestärkt zu werden, um wachsen zu dürfen.

Besonders schwer wird das für Mädchen, die vielleicht gerne ein Junge gewesen wären. Nun sind alle Anzeichen da, daß dieser Wunsch niemals in Erfüllung gehen kann. Wenn sich dann noch der vorher interessierte Vater von seiner Tochter zurückzieht, ist das Desaster fast perfekt. Der Vater ist nah und doch so fern. Oft genug bewundert ihn die Tochter grenzenlos, während sie die Mutter mit ihrem geringen Durchsetzungsvermögen verachtet: »Ich möchte nie so werden wie meine Mutter. Ich habe sie immer ein bißchen verurteilt, sie sogar verachtet. Mich störte es ein bißchen, daß sie nicht dem Bild entsprach, daß ich von ihr hatte, wie sie hätte sein sollen. Mein Vater ist mein großes Vorbild. Er hat menschliche Qualitäten, die findet man selten. Und er hat soviel geleistet, soviel auf die Beine gestellt. Das ist enorm.« (Inga, 17 Jahre)

Für viele ist die Zwiespältigkeit der Rolle, in der die Mutter lebt, unbewußt deutlich. Töchter wollen anders leben, wissen jedoch nicht wie. Die vorgelebte Frauenrolle ist nicht attraktiv genug. Das »Sagen« in unserer Gesellschaft hat schließlich immer noch der Mann. Es sind demnach ernsthafte Autonomie- und Abhängigkeitskonflikte, in der die Jugendliche steckt. Wie soll sie eigenständig werden, wenn dadurch der Haussegen schiefhängt? Wie soll sie damit umgehen, daß sie etwas will, was die Eltern verletzt? Das Kind hat gelernt, keine eigenen Wünsche zu artikulieren, die denen der Eltern entgegenlaufen, denn das ist egoistisch. Sie hat soviel bekommen, da darf sie nun nicht undankbar und aufsässig sein. Schuldgefühle sind ihre ständigen Begleiter. Ohnmachtsgefühle und Hilflosigkeit machen sich breit. Es ist einfach nicht zu schaffen, die Anforderungen sind zu hoch. Die Jugendliche wütet innerlich gegen sich selbst und glaubt, ihr Leben oder ihre Beziehungen zu anderen Menschen nicht in der Hand zu haben: »Nie bekam ich zu Weihnachten das, was ich mir wünschte. Vielleicht habe ich den Wunsch auch nicht deutlich genug geäußert. Jedenfalls bekam ich immer ganz nützliche Dinge wie Bettwäsche, schlaue Bücher oder Kleidung. Weil ich Angst hatte, meine Eltern zu enttäuschen, jubelte ich jedesmal laut. Aber immer vor Weihnachten bibberte ich, ob ich das das nächstemal noch so durchstehe und keiner etwas merkt. Heute wünsche ich mir von meinen Freunden immer ausdrücklich unsinnige Geschenke. Die Geschenke meiner Eltern stapeln sich weiterhin in einer Schublade im Schrank.« (Elisabeth, 22 Jahre, früher Bulimikerin)

In ihrer Hilflosigkeit schotten sich die Mädchen ab. Die starke Bindung an das Elternhaus läßt es nicht zu, enge Beziehungen zu Gleichaltrigen zu knüpfen. Wie soll das Mädchen erkennen, daß jede Frau diese Phase durchlebt und aktiv gestalten kann?

»In meiner Klasse hatte ich nie Freundinnen. Ich war so linkisch, konnte mich nicht gut ausdrücken. Wenn mich jemand nach meiner Meinung fragte, wurde ich ziemlich verlegen. Was sollte ich sagen? Was wollte der andere hören? Mit der Zeit hatte ich raus, mich nicht so festzulegen. Aber eine richtige dicke Freundschaft hatte ich nie.« (Inge, 17 Jahre, magersüchtig)

Als reagierender und nicht agierender Mensch zieht sich das magersüchtige Mädchen zurück. Indem sie dem Körper Bedürfnisse versagt, erhält sie ihre Autonomie. Sie besitzt Macht über ihren Körper und Macht über die übrigen Familienmitglieder. Die Magersucht ist ein Bereich, wo das Mädchen die Tür hinter sich schließen kann und keiner mehr hineinkommt. Nur sie selbst besitzt den Schlüssel dazu. Für sie ist es eine phantastische Leistung, diese offensichtliche Fähigkeit, den eigenen Körper zu beherrschen. Wenigstens auf einem Gebiet ist sie keine Versagerin! Vielleicht ist deshalb bei den meisten Magersüchtigen die Sexualität ausgeblendet. Sich hinzugeben, den Körper »machen zu lassen«, ohne die Vernunft einzuschalten, hat etwas Bedrohliches für sie. Die Magersüchtige hat Angst vor den »Tricks« anderer, die sie offensichtlich nur beherrschen wollen. Im verwirrenden und komplizierten Bereich der Sexualität und Liebe fühlt sie sich völlig verloren. Da ist es schon sicherer, ihn einfach auszugrenzen, denn Probleme hat die Magersüchtige auch so schon genug.
So wie diese eßgestörten jungen Frauen ihren Körper nicht realistisch wahrnehmen, so fühlen sie sich auch zwanghaft gedrängt, nach Regeln zu leben, keine Kritik bei Eltern, Lehrern oder Arbeitskollegen hervorzurufen. Das trifft in besonders extremer Form für Bulimikerinnen zu. Sie sind im Studium oder Beruf erfolgreich. Sie erregen kein Mitleid durch ausgezehrtes Aussehen. Meist haben sie Normalgewicht und sind attraktiv. Und doch leiden sie Höllenqualen, indem sie ein Scheinbild wahren und ihren Frust, ihre Gefühle von Hilflosigkeit, Chaos und Selbstzweifel mit fragwürdigen Mitteln übertünchen. Sie

fordern nicht von anderen, nur von sich selbst. Den anderen erscheinen sie als gute Zuhörerinnen, einfühlsam und fürsorglich. Ihr Symptom, die Kotzerei, ist häufig das einzige Zeichen ihres Kummers und der Beweis, daß sie nicht wirklich das beneidenswerte Leben führen, das sie nach außen hin zur Schau stellen. Das Fressen und Kotzen bleibt ihr streng gehütetes Geheimnis. »Ich hab immer gedacht, ich sei absolut pervers. Ich habe mich vor mir selbst geekelt, ich hab gedacht, so was hat niemand außer mir. Das war sehr schlimm, das Gefühl, so etwas zu haben, so etwas Abartiges.« (Maria, 25 Jahre, frühere Bulimikerin)
Die bulimische Frau ißt abends allein und übergibt sich dann. Niemand merkt etwas. Am Arbeitsplatz geht sie ruhig auf die Toilette, erbricht, dann erneuert sie ihr Make-up und geht lächelnd an ihren Platz zurück. »Wenn ich Angst habe oder deprimiert bin, dann fresse ich. Wenn ich gefressen habe, dann geht's mir noch schlechter. Dann ärgere ich mich so sehr über mich selbst, so daß ich noch mehr in mich hineinschlinge. Ich stopfe und stopfe und werde nicht satt. Erst wenn mir ganz übel ist und ich vor Magenschmerzen nicht mehr kann, höre ich auf. Hinterher erbrechen ist für mich eine Erlösung. Anschließend bin ich völlig erschöpft und ekle mich vor mir selbst.« (Ilona, 22 Jahre, Bulimikerin)

»Wir waren fast wie Freundinnen«

Familienstrukturen III: Töchter und Mütter

Frau sein – ein unausweichliches Dilemma?

Mit beginnender Pubertät beschäftigen sich Jugendliche intensiv mit sich selbst. Mädchen beobachten mehr oder weniger begeistert die hormonell bedingten Veränderungen ihres Körpers. Die Stimmungen, himmelhoch jauchzend – zu Tode betrübt, wechseln sich in einer alles überbietenden Rasanz ab. Der Spiegel wird zu einem nicht wegzudenkenden Utensil. Bin ich schön, oder sind die anderen viel schöner als ich? Die Waage bestimmt, ob man sich heute gut oder schlecht fühlen muß.
Zu diesen äußerlichen Veränderungen gesellen sich innere hinzu. Inhalte, die das Leben ausmachen, werden problematisiert. Jugendliche engagieren sich in ihrer Umwelt. Doch die zentralen Fragen sind: Wer bin ich? Bin ich großartig oder minderwertig? Wie will ich sein? Lauter Fragen, auf die es nur ganz allmählich Antworten gibt. Voller Unsicherheit schaut sich die Heranwachsende um. Die nächste Frau in ihrer Umgebung ist meist die eigene Mutter, die kritisch unter die Lupe genommen wird. Magersüchtige und Bulimikerinnen erfassen intuitiv die Zwickmühle, in der ihre Mütter stecken: Trotz guter Ausbildung sollen sie ihren Beruf höchstens »nebenher« ausüben und viel Zeit für die Familie aufbringen, um den Mann und die Kinder zu versorgen und für deren Nöte dazusein. Deshalb lehnen zahlreiche junge Frauen einerseits die Rolle, so wie sie vorgelebt wird, ab, um sie andererseits im Übermaß zu erfüllen.

Was macht die Rolle so schwierig?

Außerhalb der Wohnung hört der Machtbereich der Mutter auf. Dort, wo das Leben zu pulsieren scheint, spielt sie nur eine Nebenrolle. In ihren Beruf außer Haus steckt sie keinen Ehrgeiz. Den übt sie nur stundenweise aus, damit sie immer für ihre Familie dasein kann. Um so mehr konzentriert sie sich auf das Familienleben. Weil sie auf eine Karriere außerhalb der vier Wände verzichtet hat, meint sie, die Leistung innerhalb ihrer Familie erbringen zu müssen. Dieses Streben besitzt häufig perfektionistische Züge: Leistung muß sichtbar werden. Zum Beispiel anhand wohlgeratener Töchter und Söhne, auf die man stolz sein kann. Aufopfernd, überfürsorglich und scheinbar selbstlos packt die Mutter diese Aufgabe an, pusht ihre Kinder – und ihren Mann – ehrgeizig vorwärts. In unserer Gesellschaft zählen nun mal vor allem Leistung und Geld. Doch die Opferbereitschaft der Mutter ist selten so selbstlos, wie sie auf den ersten Blick erscheint. Sie will die Zuneigung des Kindes als Lohn ihrer Bemühungen. Das Kind darf sich ihren Wünschen nicht entziehen.

Freunde der Kinder werden kontrolliert, für gut befunden oder abgelehnt. »Man macht dies« und: »Das macht man nicht« sind Standardsprüche, Widerreden nicht erlaubt. Anordnungen müssen befolgt werden, weil sie ja zum »Besten« des Kindes sind. Unauffällige Normalität ist erwünscht, ja nicht bei den Nachbarn auffallen. Die ganze Familie ist adrett gekleidet und höflich im Umgang mit anderen. Feste Normen geben der Frau einen guten Rückhalt, denn auch sie ist nicht besonders selbstsicher, wie es möglicherweise auch ihre Mutter nicht war. So überträgt sich das Gefühl, wenig wert zu sein, oft von Generation zu Generation und bricht sich am Ende in der Krankheit des Kindes – meist der Tochter – Bahn.

Haben die Eltern Schwierigkeiten miteinander, gehen Mutter und Tochter häufig einen Pakt ein: Sie werden Komplizinnen.

Die Tochter wird zur Vertrauten der Mutter und fungiert als Hilfe zur Lösung ihrer Probleme. Dieser Koalition sind Jugendliche nicht gewachsen. So eine Überforderung kann zur Entstehung von Magersucht oder Bulimie beitragen. »Meine Mutter hatte oft Schwierigkeiten mit Kolleginnen in der Arbeit. Wenn ich von der Schule heimkam, dann erzählte sie mir meist beim Mittagessen davon. Wir waren fast wie Freundinnen. Ich wußte oft gar nicht, wie ich reagieren sollte, weil ich ihr nicht helfen konnte.« (Dany, 18 Jahre)
»Als ich vierzehn war, ging meine ältere Schwester aus dem Haus. Jetzt war nur noch ich da. Mein Vater arbeitete tagsüber und abends schwang er sich auf sein Rennrad und fuhr in den Club. Meine Mutter war viel zu Hause. Wir unterhielten uns dann oft darüber, wie leer jetzt das Haus ist, seit die Geschwister ausgezogen sind. Da wurde meine Mutter oft traurig. Das bedrückte mich sehr. Vielleicht habe ich deshalb mit meiner Fresserei angefangen.« (Renate, 24 Jahre)

Die weibliche Mitte: der verachtete Bauch

Viele Mütter sind ungewöhnlich gewichtsbewußt und achten auf Diät. Manche sind stolz darauf, seit ihrer Jugendzeit nicht mehr zugenommen zu haben. Andere kämpfen mehr oder weniger erfolgreich gegen die sich ansammelnden Pfunde an Bauch, Hüften und Oberschenkeln.
»Wenn meine Mutter Diät machte, war das immer furchtbar. Mißmutig saß sie vor ihrem Teller gedünstetem Gemüse und wünschte uns guten Appetit. Mir verging er dabei. Nach ein paar Tagen hatte sie genug von ihrer Diät und aß wieder normal. Dann waren die paar Pfunde auch gleich wieder drauf. Das ärgerte sie manchmal so furchtbar, daß sie sich wütend auf den Bauch schlug.« (Petra, 15 Jahre)
Der Bauch, die weibliche Mitte, wird nicht nur von Magersüch-

tigen und Bulimikerinnen argwöhnisch beäugt. Eigentlich achtet jede Frau darauf, daß ihr Bauch ja nicht sichtbar wird. Doch über den Bauch werden oft Gefühle wie Lust und Freude oder Angst ausgelebt. Wer dem gängigen Schönheitsideal nachstrebt, muß seinen Bauch kasteien. Schon immer war der Bauch ein Kernstück der Weiblichkeit und wurde entsprechend versteckt oder betont. In der Renaissance signalisierte rundliche Leibesfülle Überfluß und Fruchtbarkeit. Später betonte man die Taille, um die Hüften und besonders den Busen der Frau hervortreten zu lassen. Im Viktorianischen Zeitalter, einer für Frauen sehr einengenden Ära, zwängten sich Frauen in Korsetts, die sie manchmal Tag und Nacht trugen. War früher das Korsett dazu da, um im wahrsten Sinne des Wortes Haltung zu bewahren, so sollte es im neunzehnten Jahrhundert die Frauenfigur dem Schönheitsideal entsprechend modellieren: die Frau als formbares Wesen.
Es ist schon bedenkenswert, daß das Korsett während der Französischen Revolution aus der Mode kam, ebenso wie in den zwanziger und sechziger Jahren des zwanzigsten Jahrhunderts, als Frauen mehr Selbstbestimmungsrechte einforderten. Der amerikanische »Flapper« der zwanziger Jahre, ein androgyner Frauentyp ohne Bauch und Po, im sackartigen Hänger mit der Zigarette im Mund und dem Whiskeyflakon im Strumpfband, der für sich die gleichen Freiheiten wie für die Männer forderte, erhielt die Bewunderung nur weniger Männer, die meisten fürchteten ihn eher. Mit der wirtschaftlichen Depression der dreißiger Jahre verschwand dieser Frauentyp. Brust und Taille wurden erneut zu Attributen weiblicher Schönheit. Stramme Mieder und starre Büstenhalter sollten den unterschiedlichen weiblichen Figuren eine einheitliche Form bescheren.
Dann kam Mitte der sechziger Jahre Twiggy. Die Kritik nannte sie die »teuerste Bohnenstange« der Welt. Tausende von Frauen hungerten, denn auch sie wollten flach und dünn sein. Der Bauch mußte weg. Jetzt wurden aber keine Mieder mehr getragen, Unterwäsche war out. Apfel-, Eier-, Reis- und Kartoffeldiä-

ten erlebten einen Boom. Das äußere Mieder fiel weg, dafür wurde das innere Korsett in Form von Diäten jeder Frau »maßgeschneidert« angepaßt. Und dabei blieb es bis heute. Hinzu kam noch, daß man ein neues Mittel gegen den Bauch entdeckte: Der Schönheits-Chirurg machte die Wünsche der Frauen wahr und rückte ihm mit Messer und Saugröhrchen zu Leibe. Experten schätzen, daß sich allein in der Bundesrepublik 100000 Menschen jährlich um ihrer Schönheit willen operieren lassen, die allermeisten davon sind Frauen.

Kein Mittel bleibt unversucht, um den verachteten Bauch loszuwerden. In Fitness-Studios wird bis zum Umfallen getrimmt, um dem kindhaft-flachen Bauch ein Stück näher zu kommen. Diesen genormten, abgeflachten, glatten Bauch interpretieren Bioenergetiker als Zeichen zunehmender Körperentfremdung. Die überall spürbare Verachtung des Bauches darf unserer Meinung nach nicht nur als Schlankheits- und Schönheitsdiktat verstanden, sondern sollte als rigide Reglementierung der Weiblichkeit an sich hinterfragt werden. Frauen haben Busen und Bauch. Wenn sie ihren Körper wieder besitzen wollen, müssen sie anders mit ihm umgehen.

Manche Frauen, die diesen Mangel spüren, entdecken für sich etwa den Bauchtanz, um die Mitte ihres Körpers neu zu finden, andere fangen mit Ausdruckstanz an. »Ich mache jetzt afrikanischen Tanz. Da lebe ich meine Neigung und Sehnsucht nach diesem warmen Land aus, nach der Sonne und den Menschen. Ich liebe den Tanz und arbeite kontinuierlich daran, Körperkraft und Gelenkigkeit aufzubauen. Dabei lerne ich ganz intensiv meinen Körper kennen, akzeptiere seine Grenzen und genieße ihn.« (Maria, 25 Jahre)

»Ich war ein unerwünschtes Kind«

Kein Platz für uns oder: Warum sich Mädchen und Frauen dünne machen

»Leider wurde es wieder ein Mädchen«

Wieviel Platz darf eigentlich eine Frau in der Gesellschaft einnehmen? Viele Frauen wissen es selbst nicht genau, sind unsicher. Das ist wohl ein Grund, warum sie sich buchstäblich »dünne machen«. Der Körper ist für die eßgestörte Frau der Bereich, der emotionale Bedürfnisse kundtut: Er will essen, will Wärme, Zärtlichkeit, Zuneigung. Sie glaubt, wenn sie die Kontrolle über den eigenen Körper erreicht, dann kann sie ihre Gefühlswelt beherrschen. Und mit der Herrschaft über ihre Gefühlswelt hofft sie, ein bißchen mehr Macht auch in anderen Bereichen ihrer Umwelt zu gewinnen.

Das ist leider ein Trugschluß. Trotz aller Sonntagsreden über die Gleichberechtigung der Frauen hat sich im Alltag nicht allzu viel verändert. Auf der Weltfrauenkonferenz der Vereinten Nationen in Kopenhagen wurde 1980 festgestellt, daß Mädchen und Frauen die »Hälfte der Erdbevölkerung ausmachen, zwei Drittel aller Arbeitsstunden leisten, jedoch nur ein Zehntel des Geldeinkommens erhalten und vermutlich weniger als zwei Prozent des Weltvermögens besitzen.«[6] Bis heute hat sich daran kaum etwas geändert. Konkret heißt das: Frauen betreten die Bühne der außerhäuslichen Welt meist als Statistinnen und nicht als Hauptdarstellerinnen. Das zeigt sich auch bei uns in der Bundesrepublik. Immer mehr Hochschulabsolventinnen bleiben arbeitslos, während ihre männlichen Kollegen viel eher eingestellt werden. Im Bildungsbereich stehen den Mädchen die Türen offen, auf dem Arbeitsmarkt werden sie wieder zugeschlagen.

»Meine Mutter hatte Abitur, arbeitete aber niemals in einem gelernten Beruf. Sie bekam sehr früh ihre Kinder. Als wir etwas älter waren, wollte sie gern arbeiten gehen. Sie wünschte sich eigenes Geld, denn mein Vater teilte ihr immer das Wirtschaftsgeld zu. Doch mein Vater war strikt dagegen. Er meinte, daß sie ja nur als Angelernte arbeiten könne. Das vertrug sich nicht mit seiner Position als Sparkassenleiter. Ihm war das peinlich, was würden die Leute sagen? Also entmutigte er meine Mutter. Von da an versuchte sie nie mehr, über Arbeit außer Haus zu reden.« (Valeska, 21 Jahre)

Die Frau von heute ist starken Widersprüchen ausgesetzt. Zu Hause hören Kinder, daß die Welt da draußen für alle da sei. Doch konkret erleben die Mädchen, daß ihre Mütter davon ausgeschlossen bleiben. Wie sollen sie das zusammenfügen? Susie Orbach meint zu Recht: »Die Anorexie symbolisiert die Unterdrückung der Wünsche von Frauen. Durch das äußerst qualvolle Verneinen von Bedürfnissen und Abhängigkeiten und durch das äußerst beharrliche Ausdrücken der eigenen Unabhängigkeit lebt die Magersüchtige die Widersprüchlichkeit des Weiblichkeitsdiktates der Gesellschaft aus.«[7] Nichts anderes macht die Bulimikerin, deren Kotzerei von vielen Autorinnen als die »weiblichste« Form aller Eßstörungen herausgestellt wird. Heimlich frißt die junge Frau ihren inneren Frust zu und macht dann das, was von Frauen erwartet wird: Sie versucht, ihre Konflikte unauffällig zu bewältigen, beim Kotzen in der Stille des Klos.

Eßgestörte Frauen sind sehr wach. Mit ihrem hochempfindlichen Sensorium erkennen sie intuitiv die unüberwindbare Kluft zwischen gesellschaftlichem Anspruch und Wirklichkeit. Wie sollen sie ein Selbstwertgefühl entwickeln, wenn sie als Frau, was immer sie machen, weniger gelten als der Mann?

Das fängt schon ganz früh an, vor der Geburt. Untersuchungen kamen zu dem Ergebnis, daß Eltern dem Geschlecht des zu erwartenden Kindes nicht gleichgültig gegenüberstehen. Nach der Geburt einer Tochter waren 56 Prozent der Mütter glücklich und 44 Prozent enttäuscht; nach der Geburt eines Sohnes waren 93 Prozent glücklich, und nur drei Prozent drückten ihre Enttäuschung aus.[8] Die Hälfte aller Mädchen sind also eine Enttäuschung im Leben der Eltern. »Mein Vater hatte sich unbedingt einen Sohn gewünscht. Leider wurde es wieder ein Mädchen. Oft sagte er, mit einem Sohn wäre alles ganz anders geworden. Auch ich wünschte mir oft, daß meine Schwester ein Bruder geworden wäre. Aber aus einem ganz anderen Grund. Dann hätte mein Vater gesehen, wie frech und ungehorsam Buben sind. Wahrscheinlich hätte er sich dann doch nicht so sehr über ihn gefreut. Und ich hätte manchmal länger von zu Hause wegbleiben dürfen. Aber als Mädchen, nee, das geht ja nicht. Da haben die Eltern immer so eine furchtbare Angst. Das ist ziemlich doof.« (Ilona, 22 Jahre, Bulimikerin)

»Ich war ein unerwünschtes Kind. Meine Eltern haben meinetwegen geheiratet. Zwei Jahre später bekam ich einen Bruder. Der war dann ihr ein und alles. Immer wurde er vorgezogen. Obwohl er in der Schule viel fauler war als ich, wurde er viel mehr gelobt und verwöhnt. Ich war schrecklich eifersüchtig auf ihn und begann, ihn zu hassen.« (Gabriele, 27 Jahre, frühere Bulimikerin)

Andere Autorinnen stellten fest, daß Mütter ihre Söhne unwillkürlich länger und lustvoller stillten als ihre Töchter. Möglicherweise liegt das am gegensätzlichen Geschlecht. So sammelt eine Tochter, ohne es zu wissen, von Anfang an Minuspunkte auf dem Konto des Selbstwertgefühls. Manche stecken das mehr oder weniger gut weg. Andere – vielleicht die sensibleren – kommen nicht damit klar und leiden unter ihrer scheinbaren Wertlosigkeit.

Spieglein, Spieglein an der Wand...

Noch immer braucht die Frau hauptsächlich äußere Attribute, um anerkannt zu werden. Ist sie hübsch, groß, blond, kurvenreich, schmalhüftig mit knackigem Po und spitzem Busen?

Dann, so sagt man, hat sie Erfolg. Das Credo lautet: Sei begehrenswert! Daneben sind Eigenschaften wie Anpassung, Unterordnung und das Ahnen der Wünsche anderer Menschen von großem Vorteil.
Der Körper ist die Eintrittskarte der Frau in die Gesellschaft, ihr Sprachrohr. Kein Wunder, daß sie ihn ständig trimmt. Er ist nichts Einmaliges, nichts Individuelles, sondern wird je nach Mode umgeformt und verändert. Kein Wunder, daß sich Frauen äußerst kritisch von außen betrachten. Kein Makel des eigenen Körpers bleibt unentdeckt. Dem Vergleich mit den Überfrauen von den Plakatwänden halten die wenigsten Frauen stand. So wird der eigene Körper zu einer stets verbesserungswürdigen Landschaft.
Die Kosmetik-, Mode- und Nahrungsmittelbranche bietet sich dabei als unentbehrlicher Helfer an: »Was sind Sie für ein Typ?« – »Welche Farben passen zu Ihnen?« – »Stilberatung: Machen Sie das Beste aus Ihrem Typ.« – »Tragen Sie lange Jacken, sie kaschieren breite Hüften und einen rundlichen Po.« – »Bei diesen Catsuits müssen Sie superschlank sein.« – »Schlemmen muß nicht Sünde sein...« Ununterbrochen wird Frauen eingeflüstert, was sie zu tun haben, was sie lieber bleiben lassen sollten, um wirklich anerkannt, beliebt und erfolgreich zu sein.
Der eigene Körper ist der Frau entfremdet, eine Ware. Spätestens beim Werbefernsehen wird jeder Frau klar: Das Auto macht den Mann »sexy«, und er bekommt die tolle langhaarige und superschlanke Frau dazu. Die Frau ist das »Schmankerl« zu all den Dingen, die das Leben angenehm machen, auch im Kino: Reicher Mann heiratet arme, aber wunderschöne Frau. *Pretty Woman*, ein riesiger Kinoerfolg, zieht alle Register der Klischees über Mann und Frau. Die Frau, eine Prostituierte, verkauft sich für eine Menge Geld an einen unglaublich reichen Mann. Sie besitzt »Persönlichkeit«, die sich im Film in Form von schlanken Beinen, einer Topfigur und dem Eindruck, den sie auf Männer macht (alle drehen sich nach ihr um), niederschlägt. Der Mann

ist toll und besitzt Stil, weil er viel Geld hat, ständig muß er arbeiten und wichtige Entscheidungen treffen. (Derweil badet sein Weibchen, geht Shopping, lernt, sich in »besseren Kreisen« zu benehmen). Schließlich wirkt die Frau besänftigend auf ihn, so daß seine Geschäftspraktiken nicht mehr ganz so mies sind. Am Ende will er ihr ein Appartment kaufen und sie aushalten. Doch sie besteht auf Heirat. Ein Happy-End – oder doch eher das Übliche? Frau verkauft ihren Körper, bekommt dafür wirtschaftliche Sicherheit. Hat sich in den letzten Jahrzehnten also nichts geändert?

Was steckt hinter der »neuen Mütterlichkeit«?

Immer wenn Frauen bei der Arbeit außer Haus gebraucht wurden, wurde diese wirtschaftspolitische Notwendigkeit durch entsprechende Propaganda unterstützt. Im Zweiten Weltkrieg mußten Frauen die Männer an den Arbeitsplätzen ersetzen. Kaum war der Krieg zu Ende und kamen wieder genügend Männer zurück, wurde Frauen wieder der Platz am Herd schmackhaft gemacht. So werden Frauen als »Reservearmee« zur Manipuliermasse des Arbeitsmarktes. Sicher gibt es Frauen, die sehr gerne »Nur-Hausfrauen« sind. Sie sollten das Recht haben – auch ohne von ihren Geschlechtsgenossinnen schief angesehen zu werden –, ihrem Beruf im Haushalt und bei der Kindererziehung nachzugehen. Aber warum soll jede Frau gerade diesen Berufswunsch haben, je nachdem, was wirtschaftspolitisch gerade angesagt scheint? Haben nicht auch die Männer sehr unterschiedliche Wünsche?
Für Frauen scheint das nicht zu gelten. Zur Zeit wird wieder einmal eine »neue Weiblichkeit« propagiert, denn die wirtschaftliche Lage hat sich verschärft, so daß es für Männer nur gut ist, wenn das Arbeitspotential Frau nicht auch noch als Konkurrenz auf den sowieso schon engen Markt drängt.

Immer mehr Frauen müssen heute mit überaus großer Deutlichkeit erfahren, daß sich in wirtschaftlichen Krisenzeiten ihre Lebenspläne nicht verwirklichen lassen, weil sie weiblich sind. Vielen bleibt nur noch die Flucht in die Sucht, um ihr mangelndes Selbstwertgefühl anderweitig aufzubauen. Man kann deshalb davon ausgehen, daß die Zahl suchtkranker, insbesondere auch magersüchtiger Frauen in der jetzigen Phase wirtschaftlicher Krisen und damit einhergehender Frauenarbeitslosigkeit weiter steigen wird.

»Ran an den Speck!«

Der Einstieg in den Teufelskreis
oder: Wer schön sein will, muß schlank sein

Dick durch Diät

»Drücken Sie die obere Hautfalte von Taille, Bauch und Oberschenkel zwischen Daumen und Zeigefinger zusammen. Wer eine mehr als 2,5 Zentimeter dicke Speckschicht zwischen den Fingern hält, ist übergewichtig.« Haben Sie schlecht abgeschnitten im sogenannten »Kneif-Test«? Dann sind Sie fällig für eine Diät. Nichts leichter als das, denn mittlerweile gibt es mehr als dreihundert verschiedene Rezepte »zum Abnehmen und Wohlfühlen.« Aber das ist noch längst nicht alles. Ob Kartoffel-, Ananas-, Hollywood- oder Feinschmecker-Diät, sie alle versprechen mehr als nur Gewichtsabnahme. Sozusagen im Preis inbegriffen sind ausgewogene Proportionen, straffes Gewebe, schönes Haar, glatte Haut, feste Nägel, Zufriedenheit und ein Top-Selbstwertgefühl. All das also erreicht man mit der richtigen Diät. In zehn Tagen zum Traumgewicht. Kein Problem.
Oder vielleicht doch? Fachleute beurteilen Diäten inzwischen als Einstiegsdroge in den Teufelskreis der Eßstörungen. Auch das Leben nach der Diät verheißt nichts Gutes. Um dauerhaft schlank zu bleiben, empfiehlt eine Frauenzeitschrift etwa folgendes: »Nehmen Sie sich beim Essen keinen Nachschlag. Das hilft, den Appetit zu erziehen. Bereits nach kurzer Zeit haben Sie sich daran gewöhnt und essen weniger. Vor Einladungen und Partys essen Sie lieber eine Kleinigkeit zu Hause, Salat oder ein Knäckebrot. Oder Sie trinken eine Tasse Tee. So können Sie jedem Buffet besser widerstehen. Lassen Sie Ihr Trinkglas immer halbvoll stehen. Schneiden Sie Wurst, Käse, Schinken und Brot

in sehr dünne Scheiben. So erscheint die Portion optisch größer, als sie in Wirklichkeit ist. Essen Sie Suppe mit einem kleinen Löffel, das sättigt viel besser.«[9]

»Lust und Laune« scheinen bei solchen Ratschlägen eher unwahrscheinlich. Und doch gehören Diäten für die meisten deutschen Frauen zum Alltag. Jede zweite Frau hat mindestens eine Diät hinter sich. Ähnliches gilt bereits für die Jugendlichen, denn spätestens mit dem Beginn der Pubertät machen sich vor allem die jungen Mädchen verstärkt Sorgen um ihr Gewicht und beginnen, ihr Eßverhalten zu kontrollieren. Beinahe jeder zweite weibliche Teenager möchte sein Gewicht reduzieren und verhält sich entsprechend. So haben Untersuchungen ergeben, daß die tägliche Kalorienzufuhr der Dreizehn- bis Achtzehnjährigen mit 2260 Kalorien unter der Menge der Zehn- bis Dreizehnjährigen liegt, die täglich 2400 Kalorien zu sich nehmen. Und abgesehen davon, daß die Hälfte der Jugendlichen bereits eine Diät hinter sich hat, kursiert der Trick, »sich den Finger in den Hals zu stecken«, bereits an vielen Schulen als Geheimtip, wie man essen kann und doch sein Gewicht hält.

Aber wie sagt ein altes Sprichwort: Wer schön sein will, muß leiden. Und schön ist heute nur, wer schlank ist. Schlanksein ist zu einem Wert an sich geworden, zu einem erstrebenswerten Ziel. Die Medien suggerieren uns täglich, daß schlanke Frauen besonders attraktiv seien, und mehr noch, daß erfolgreiche Frauen in jedem Fall immer schlank seien. Schlankheit und Schönheit erscheinen als Synonyme. Schlankheit ist Voraussetzung für Glück und Ausdruck dynamischer Leistungsfähigkeit. Schon Hilde Bruch warnte vor dem Druck, den die Medien auf unser Schönheitsideal ausüben: »Am aufdringlichsten jedoch ist das Fernsehen, das seinen Zuschauern Tag für Tag einhämmert, nur wenn man schlank sei, werde man geliebt und geachtet.«[10] Auch die Frauenzeitschriften lassen sich das Geschäft mit den Diäten nicht entgehen. Hochsaison für die Blitz- und Crashkurse in Sachen Abnehmen ist zu Jahresbeginn (wenn »der Weihnachtsspeck runter muß«) und im Frühjahr bis Frühsommer, also rechtzeitig genug, um die Figur für den Bikini zu stylen. Die Medien und die Werbung haben es geschafft, daß sich viele Frau-

Welche Diät hätten Sie gern?

en heute mehr oder weniger als Irrtum der Natur begreifen. Die Diskrepanz zwischen Traum und Wirklichkeit ist groß, denn nur fünfzehn Prozent der weiblichen Bevölkerung entsprechen dem vorherrschenden Schönheitsideal. Die »perfekte« Frau ist schlank, wirkt jugendlich-sportlich, hat ein schmales Becken und breite Schultern. So der gängige Fotomodell-Standard, der gemäß der aktuellen, mit Schulterpolstern verstärkten Y-Form der Frauenmode eine eher androgyne Ausstrahlung hat. Auch weibliche Rundungen sind erlaubt, doch ist die widersprüchliche Kombination aus üppiger Oberweite, Wespentaille und runden, aber schmalen Hüften sicher nicht die biologische Normalvariante weiblicher Konstitution.

Fast jede zweite Frau ist mit ihrem Gewicht unzufrieden und will ihre Figur verändern. Dementsprechend kasteien sich viele Frauen tagein tagaus mit einer 1000- oder 1500-Kalorien-Diät. Das entspricht der Tagesration an Kalorien im Nachkriegsdeutschland 1946 und 1947.

Ernährungswissenschaftler sprechen bei dieser Kalorienmenge inzwischen von Unterernährung. Rund 2000 Kalorien braucht der Organismus pro Tag, um mit allen notwendigen Nährstoffen ausreichend versorgt zu sein. Wer schön sein will, muß schlank sein – und leidet. Der Frust ist vorprogrammiert, denn auch Diäten können auf Dauer nicht helfen. Im Gegenteil, viele Frauen werden nach Diäten dicker, als sie zuvor waren. Warum das so ist, erklärt Michael Hamm:

»Dick durch Diät ist keine Spekulation, sondern leider vielfach bestätigte Tatsache. ... Der Körper stellt sich bei starker Energieeinsparung etwa durch rigorose langandauernde Diäten mit wenig Kalorien auf das Sparen von Energie im Sinne einer ›sparsameren Haushaltsführung‹ ein. Je öfter man Diäten macht, desto schwieriger wird schließlich das Abnehmen. Auch nach der Diät arbeitet die Verbrennung beziehungsweise der Stoffwechsel auf Sparflamme. Wenn man dann nach der Diät zur gewohnten Kost zurückkehrt, nimmt man schneller zu als vorher, weil der Stoff-

wechsel gelernt hat, sich an das verringerte Kalorienangebot anzupassen. Je strenger die Diät und je weiter sie von der gewohnten Ernährung abweicht, desto schneller nimmt man danach wieder zu.«[11]
Ein Jahr nach der Diät haben nur zehn bis zwanzig Prozent der Frauen ihr neues Gewicht halten können. Eine neue Diät wird begonnen, in der Hoffnung, daß es diesmal klappt. Das Gegenteil ist meist der Fall, denn häufige Diätwiederholungen verschärfen das Gewichtsproblem. Ganz zu schweigen von der seelischen Belastung, immer wieder »zu versagen«. Das ständige Ab- und Zunehmen bezeichnen die Fachleute auch als Jo-Jo-Effekt. Wenn man mit einer Diät beginnt, greift der Körper zunächst die Energiedepots an, die besonders schnell verfügbar sind, weil sie für kurzfristigen Nahrungsmangel gedacht sind. Sie stecken vorwiegend in der Leber, aber auch in den Muskeln, und bestehen aus Zucker beziehungsweise aus dem daraus umgewandelten Glycogen. Der Körper verliert in den ersten Tagen der Diät also zuerst Zucker und Wasser, denn an jedem Gramm Glycogen hängen etwa vier Gramm Wasser. An den Speck geht es erst nach fünf Tagen. Und auch dann schmilzt das Fett nicht ohne weiteres, denn der Körper strebt danach, sein Gewicht zu halten, und reagiert mit sparsameren Stoffwechselabläufen, so daß man auch mit weniger Kalorien auskommt. Einmal vorhandene Fettzellen können sowieso nicht weggehungert werden. Sie schrumpfen lediglich und können sich jederzeit wieder mit Fett auffüllen. Nach einer Diät empfindet der auf Hungersnot programmierte Körper »normales« Essen plötzlich als Überfluß und reagiert entsprechend.

Der Traum vom Idealgewicht

Interessant ist, daß sich meistens diejenigen für Diäten und Abnehmen interessieren, die es eigentlich gar nicht nötig hätten.

Nur fünf bis zehn Prozent der Bevölkerung gelten als so übergewichtig, daß es aus medizinischer Sicht ratsam wäre abzunehmen. Den meisten jedoch geht es bei Diäten ohnehin nicht um die Gesundheit, sondern um die Schönheit, ums Schlanksein. »Gardemaß« war jahrelang das sogenannte Idealgewicht. Geboren in den »fetten« sechziger Jahren, sollte mit dieser Maßgabe wahrscheinlich der »Wohlstandsbauch« im Zaum gehalten werden. Die Rate der Übergewichtigen nämlich war nach den »mageren« Jahren sprunghaft angestiegen. In Amerika hatten einige Lebensversicherungen schon Jahre zuvor reihenweise Expertisen in Auftrag gegeben, die untersuchen sollten, wie sich Übergewicht als Risikofaktor auf Herz-Kreislauf-Erkrankungen und andere Gesundheitsschäden auswirkt. Die Warnung vor dem Übergewicht schwappte über nach Deutschland, und Ärzte, Krankenkassen und Ernährungswissenschaftler warnten vor den »überflüssigen« Pfunden. Den Streßfaktor Diät mit den negativen Auswirkungen auf die allgemeine Stimmungslage, das Konzentrationsvermögen und die Leistungsbereitschaft beachtete man damals noch nicht. Heute hat die Wissenschaft das Idealgewicht nach Broca als das Nonplusultra längst begraben. Experten sind sogar der Meinung, daß dieses Idealgewicht bereits an der Grenze zum Untergewicht liegt. Als Standard gilt heute das Broca-Normalgewicht (Körpergröße in Zentimeter minus 100). Die Grenze zum Übergewicht sieht man bei einem Gewicht von zwanzig Prozent über dem Broca-Normalgewicht. Grundsätzlich fordern führende Ernährungswissenschaftler wie der Göttinger Professor Dr. Volker Pudel, »die Indikation zur Gewichtsabnahme... strenger und differenzierter zu stellen«. So ist aus gesundheitlicher Sicht etwa der Männerbauch bedenklicher als die weiblichen Fettpolster an Hüfte, Po und Oberschenkeln. Darüber hinaus gehen Wissenschaftler heute davon aus, daß die Untergewichtigkeit im Vergleich zum Übergewicht die gefährlichere Alternative darstellt.

Prestigeverlust der Dicken

Und doch hat der jahrelange Kampf ums Idealgewicht seine Spuren hinterlassen. Die aggressive Einstellung zum Körpergewicht hat unter anderem dazu geführt, daß die Dicken im öffentlichen Ansehen zunehmend an Boden verloren haben. Ihre Diskriminierung beginnt schon im Kindesalter. Bei einer Untersuchung assoziierten Kinder mit Bildern von Dünnen Eigenschaften wie »pfiffig, beliebt und sportlich«, die Dickeren wurden als »blöd« und, wichtiger, als »einsam« beurteilt. Die Ablehnung der Dicken überdauert die Kindheit, bezieht sich jedoch später ganz besonders auf die Körper der Mädchen. So überrascht es nicht, daß gerade Mädchen in der Pubertät besonders Angst vorm Dickwerden haben. Die Persönlichkeit von Dicken wird negativ beurteilt, und Vorurteile wie mangelnde Selbstkontrolle, Faulheit, Gier und Genußsucht halten sich beharrlich. Die Vorstellung von den gemütvollen Dicken ist demgegenüber verblaßt: 1971 beurteilten noch 43 Prozent der Bevölkerung in einer Befragung die Dicken als die verträglichsten Typen, 1989 dagegen waren es nur noch zehn Prozent.

Weit mehr als bisher angenommen sind Erbanlagen verantwortlich dafür, ob jemand eine Neigung zu Übergewicht hat oder nicht. So hat der Ernährungswissenschaftler Volker Pudel in langen Testreihen nachgewiesen, daß Übergewichtige in der Regel nicht mehr essen als Normalgewichtige. Pudel ist davon überzeugt, daß wir uns unser Körpergewicht nicht selbst aussuchen können, sondern daß das Gewicht ähnlich wie Blutdruck oder Körpertemperatur eine regulierte Größe ist, die biologisch weitgehend festgelegt ist. Dieser sogenannte »Setpoint« wäre ein individuell richtiges Soll-Gewicht, bei dem sich der Körper bei normaler Ernährung einpendelt.

Schlankheitsideal der Neunziger

Schönheit als Ware

Wer aber mag schon seinen Setpoint akzeptieren, wenn er dabei Schwierigkeiten mit dem herrschenden Schönheitsideal bekommt? Die Toleranz gegenüber individuellen Körperformen ist gesunken. Dick ist out, schlank ist in. Und Schlanksein allein reicht im übrigen längst nicht mehr aus. Der gestylte Körper ist gefragt, und der Erfolg von Fitness-Studios und Solarien spricht für sich. Auch die Medizin hat den Schönheitsmarkt für sich entdeckt, von Ampullen mit straffender Wirkung für einen schönen Busen bis hin zur Schönheitsoperation, wo dann so ziemlich alles machbar scheint.

Auch die Ernährungsindustrie verdient am Schlankheitswahn, wie die Absatzzahlen der »Light«-Produkte zeigen. Wissenschaftlichen Untersuchungen zufolge ist deren Wirkung auf die Schlankheit aber eher widersprüchlich zu beurteilen. Kein Wunder, denn mitnichten bedeutet »light« immer kalorienarm. Die Produktbezeichnung ist gesetzlich nicht geschützt, das, was sie bezeichnen darf, nicht einheitlich definiert. So kann »light« stehen für leicht und locker, leicht bekömmlich, weniger Nikotin, weniger Alkohol und in einzelnen Fällen für weniger Kalorien. »Iß leicht und bleib schlank« wird dann ad absurdum geführt, wenn die Werbung ihren Zuschauern einen neuen »Light«-Joghurt damit schmackhaft machen will, daß man von diesem mit gutem Gewissen zwei verdrücken könne.

Um das Körpergewicht zu kontrollieren, greifen immer mehr Frauen und Männer auch zu Appetitzüglern, Abführmitteln und Entwässerungsmitteln, die bei regelmäßiger Einnahme zu erheblichen gesundheitlichen Schäden führen. Abführmittel bewirken eine verstärkte Kontraktion der Darmmuskulatur und beschleunigen so die Passage des Darminhalts. In der Nahrung enthaltene Nährstoffe können in dieser kurzen Zeit nur ungenügend von der Darmwand aufgenommen werden. Bei chronischem Gebrauch von Abführmitteln verliert die Darmmuskulatur im Laufe der Zeit ihre Fähigkeit, sich ohne äußere Stimulation ausreichend zusammenzuziehen, und es werden immer größere Mengen an Abführmitteln nötig, um die Darmregulation in Gang zu halten. Abführmittelmißbrauch kann zu einem Verlust an Kalium und anderen Elektrolyten bis hin zu Nierenschäden und einer Veränderung im Knochenaufbau führen. Appetitzügler wirken dagegen auf das Gehirn. Sie steigern die Leistungsbereitschaft und die Aufmerksamkeit und unterdrükken gleichzeitig das Gefühl von Müdigkeit und Appetit. Wie bei den Abführmitteln muß die Dosis kontinuierlich gesteigert werden, um die Wirkung aufrechtzuerhalten. In der Folge kann es zu Schlaflosigkeit, Angst und Unruhe, aber auch zu Störungen des Herz- und Kreislaufsystems kommen. Abführmittel, Entwässerungsmittel und Appetitzügler kann man rezeptfrei kaufen, was sie in der öffentlichen Meinung auf gefährliche Weise verharmlost. Hinzu kommt, daß die jungen Mädchen den Gebrauch von Abführmitteln oder Appetitzüglern oft schon von ihren Müttern kennen. Wenn sie das Zeug nimmt, warum sollte dann die Tochter nicht darauf zurückgreifen?

Die selbstverordnete Hungersnot

Für den Organismus ist die Diät gewissermaßen eine selbstverordnete Hungersnot, die sich weder auf das Verhältnis zum eigenen Körper, noch auf Seele und Gesundheitszustand positiv auswirkt. Welche Folgen Diätmißbrauch haben kann, erklärt Michael Hamm: »Viele betrachten die Ernährung nur noch durch die Kalorienbrille. Sie sind ständig ›auf Diät‹, um einem modischen Schlankheitsideal zu entsprechen. Die offensichtliche Diskrepanz zwischen dem mehr als reichlichen Angebot von Nahrungs- und Genußmitteln einerseits und dem gesellschaftlich verordneten Schlankheitsideal andererseits treibt nicht wenige zu einem Diätmißbrauch mit der möglichen Folge von

Stoffwechsel- und Eßstörungen wie der Bulimia nervosa. Hingewiesen sei auch auf die Entstehung von schweren Depressionen, die im Laufe der Jahre das Ergebnis etlicher mißlungener Abnahmeversuche sind. Schlankheitsdiäten werden schnell zur Mangeldiät an lebensnotwendigen Nährstoffen. Wer häufig oder ständig Diät hält, riskiert eine Unterversorgung mit lebenswichtigen Vitaminen und Mineralstoffen. Werden auf Dauer weniger als 1500 Kalorien täglich gegessen, ist eine sichere Nährstoffversorgung kaum mehr möglich. Gerade bei jungen Frauen kommt es dann häufig zu einem Mangel an den Vitaminen B2, B6, an Folsäure sowie an Calcium und Eisen.«[12]
Die »neuen Frauenkrankheiten«, wie Eßstörungen inzwischen von mancher Seite bezeichnet werden, greifen immer weiter um sich und sind längst keine Außenseiterkrankheiten mehr. Immerhin 55 Prozent der bundesdeutschen Frauen (alte Bundesländer) klagen über Schwierigkeiten im Eßverhalten. An erster Stelle nennen sie Süßhunger, Heißhunger und Eßdrang in Streßsituationen. Bereits 1990 schätzte man, daß in der Bundesrepublik rund 400000 Frauen zwischen fünfzehn und 35 Jahren von Heißhungerattacken und »gewichtsregulierendem Erbrechen« betroffen sind. Viele Frauen leben in einer Grauzone zwischen regelmäßiger Diät und gestörtem Eßverhalten. Denn wie die Anorektikerinnen und Bulimikerinnen steuern auch viele der »gesunden« Frauen ihr Eßverhalten nicht mehr ausreichend über die körpereigenen Signale Hunger und Sättigung, sondern reagieren auf andere seelische und soziale Faktoren. Der Grat, auf dem viele Frauen wandern, ist schmal. Nach Meinung der Experten wird die Zahl eßgestörter Frauen weiter steigen und werden zukünftig auch immer mehr Männer davon betroffen sein. Ist uns Schlanksein das wert?

Der gestählte Body: Männer und Eßstörungen

Schönheit wird seit einigen Jahren auch Männern diktiert. Mehr und mehr »müssen« auch sie sich danach richten, wie man(n) auszusehen hat. Ist es da verwunderlich, daß sie in die gleiche Zwickmühle wie Frauen geraten? Im April 1993 haben Wissenschaftlerinnen in Manchester eine Studie veröffentlicht, nach der immer mehr Männer an Eß- und Brechsucht erkranken. Der Mann von heute muß in sein knappes Muskelshirt passen wie in eine zweite Haut. Um Bizeps und Trizeps spielen lassen zu können, sucht er hoffnungsfroh Fitness-Center auf. (Übrigens sind von den etwa 3000 Fitness-Centern in der Bundesrepublik 600 einzig für das Bodybuilding der Frauen reserviert.) Jedenfalls bleibt nun der Mann nicht länger davon ausgeschlossen, seinen Körper wie die Frau zu Markte tragen zu müssen.

Organische Ursachen für Eßstörungen?

Wissenschaftler lassen nichts unversucht, um den rätselhaften Eßstörungen auf den Grund zu gehen. Heute weiß man, daß gesellschaftliche Faktoren, die Familiensituation, schmerzlich erlebte Trennungen oder sexueller Mißbrauch in der Kindheit Ursachen der Krankheit sein können. Das alles scheint jedoch als Erklärung nicht auszureichen. Also forscht man weiter.

Bei der Untersuchung eineiiger und zweieiiger Zwillinge kam der Wissenschaftler Schepank[13] aus Mannheim zu einem überraschenden Ergebnis: Bei den eineiigen Zwillingspaaren litten weitaus häufiger beide an Eßstörungen als bei den zweieiigen. 57,1 Prozent der eineiigen, aber nur 9,1 Prozent der zweieiigen Zwillingspaare zeigten die gleichen Krankheitssymptome. Dieser Umstand könnte darauf hindeuten, daß bei Eßstörungen auch organische Ursachen mit im Spiel sind. Das Problem ist nur: Kein Mensch weiß bis jetzt, welche.

Es gibt gewisse Hinweise darauf, daß unter Streß Anorexie-Patientinnen auch vor ihrer Erkrankung schon besonders sensibel mit bestimmten Veränderungen ihres Hirnstoffwechsels reagieren. Ein Phänomen scheint dies besonders deutlich zu machen: Manche der später magersüchtigen Mädchen und Frauen haben schon eine gewisse Zeit vor der Gewichtsabnahme keine Monatsblutung mehr. Normalerweise hört die Regel erst unterhalb einer bestimmten Gewichtsgrenze auf. Ebenso wird beobachtet, daß bei Patientinnen, die ihr Normalgewicht erreicht haben, häufig jahrelang die Monatsblutung ausbleibt. Das ist organisch eigentlich nicht erklärbar.

Andere biochemische und neuroendokrinologische (die Zusammenhänge zwischen Gehirn und Körper betreffende) Vorgänge im Körper des Menschen werden zur Zeit ebenfalls erforscht. Behandelnde Ärzte stellten zum Beispiel fest, daß in eßgestörten Familien viel häufiger die Eltern und auch Großeltern unter Depressionen litten. Die Depression ist wahrscheinlich genetisch bestimmt und wird in der Kindheit geprägt.

Es ist also keinesfalls damit getan, Magersüchtige körperlich aufzupäppeln oder ein anderes Eßverhalten bei Bulimikerinnen einzufordern. Die Ursachen liegen viel tiefer. Wie aber Eßgestörte und ihre Eltern aus ihren Zwängen herausgefunden haben oder mit ihnen leben, das erzählen sie selbst im folgenden Teil.

Teil 2
Gefangen in der Sucht
– Betroffene berichten

»Natürlich hatte ich schrecklichen Hunger«

Magersüchtige berichten

Immerhin schaffen es doch viele Frauen, mit ihren Eßstörungen zurechtzukommen. Andere sind sogar völlig geheilt. Wie sie es anstellten, dem Teufelskreis zu entkommen, und wie es ihnen heute geht, das erzählen einige von ihnen auf den folgenden Seiten.

Kathrin

»Drei Jahre habe ich mit meiner Magersucht sinnlos vergeudet. Drei Jahre dachte ich nur, was esse ich, was esse ich nicht. Drei Jahre lang dachte ich nur daran, wie ich am besten abnehme und meine Wohnung aufräume.
Es begann damit, daß ich Probleme hatte. Mit meinem Freund klappte es nicht mehr so, und im Beruf war ich unzufrieden. Da dachte ich mir: ›Jetzt nehme ich erst einmal ab.‹ Ich wollte mein Leben umkrempeln, wollte ganz anders leben, anders aussehen. Eine Freundin besuchte mich und sagte, daß sie gerade eine Ananasdiät mache. Die wollte ich auch gleich ausprobieren. Die Diät klappte gut. Eine Arbeitskollegin sagte, 48 oder fünfzig Kilo seien völlig ausreichend für einen Körper, ihr Traumgewicht. Also strebte ich die 48-Kilo-Marke an. Als ich die erreicht hatte, wollte ich nur noch 47 Kilo wiegen. Ja, und dann kam so etwas wie Euphorie auf: Ich kann aufs Essen verzichten, ich muß nicht so viel fressen wie ihr, weil ich mich beherrschen kann. So hungerte ich mich bis zu 39 Kilo runter.
Für andere habe ich immer gerne gebacken und übers Essen ge-

redet. Nur ständig übers Essen reden, fanden die Bekannten bald langweilig. Na ja, und schließlich traf ich mich mit ihnen nur noch auf eine Tasse Kaffee. Ich war kreuzunglücklich. Gerne wollte ich mal was essen. Natürlich hatte ich damals auch schrecklichen Hunger. Aber immer kam sofort die Horrorvision: ›Was würden die Leute sagen, wenn sie mich im Lokal Spaghetti essen sähen? Da ist sie eh schon so fett, und dann frißt sie auch noch Nudeln.‹ Mir ging jeglicher Bezug zur Realität meines Körpers verloren.
Im Büro habe ich immer auf fit und munter gemacht. Mein Tagesziel war, abends aus dem Büro zu gehen und nicht mehr als vierhundert Kalorien zu mir genommen zu haben. Dann gab es als Belohnung ein bis zwei Kartoffeln.
Meine Monatsblutung blieb aus. Irgendwann konnte ich keine Treppen mehr hinauflaufen. Die Beine sackten einfach weg. Auch daheim wurde ich immer komischer. Nach Größe sortierte ich die Karotten im Gemüsefach und die Joghurtbecher stellte ich ganz korrekt hintereinander auf. Überhaupt aß ich fast nur noch Magerjoghurt, Gurken und Tomaten, und damit mein Appetit nicht so hemmungslos war, nahm ich Appetitzügler. Manchmal leistete ich mir eine Banane. Natürlich kaufte ich die kleinste und verteilte sie auf drei Tage.
Ständiges Frieren, Hinfallen, Nicht-sitzen-Können, zunehmende Traurigkeit und Angst – ein hoher Preis für meine schlanke Figur. Ich war gefangen in einem Teufelskreis, aus dem ich gern rauskommen wollte, dem ich aber allein nicht mehr entfliehen konnte. Ich suchte Hilfe und fand sie. Ich schrieb auf eine Anzeige und erhielt von einer Ex-Magersüchtigen einen ganz lieben Brief. Der machte mir Mut. Nach Gesprächen mit einer Psychologin ging ich zum Internisten, der mir eine kurmäßige Therapie in einer psychosomatisch ausgerichteten Klinik verschrieb. Ich kam nach Roseneck in Prien am Chiemsee. Ich hatte Angst, dort nur gemästet zu werden. Aber dann kam doch alles anders. Ich faßte Vertrauen zum Therapeuten, der mich in der Klinik be-

Tiere symbolisieren die Familie. Zeichnung: Kathrin Seyfahrt

treute. Aus den anfänglich geplanten sechs Wochen wurden zwölf Wochen im ›Glashaus‹ Roseneck. Als ich entlassen wurde, wog ich etwa 47 Kilo. Ich habe schon gespürt, daß es mir bessergeht mit ein bißchen mehr auf den Rippen. Wieder daheim, wollte ich das Erprobte anwenden. Manchmal fiel es mir schwer: Ich aß eine Portion Spaghetti, und was folgte? Ein schlechtes Gewissen! Eines Tages war es wieder soweit. Der Auslöser war wohl der Ausspruch einer Freundin: ›Jetzt sieht man aber wirklich nichts mehr von deiner Magersucht.‹ Da dachte ich, wo ist meine ganze Disziplin geblieben? Und ich kaufte mir wieder Appetitzügler. Ich stieg in der Apotheke auf die Computerwaage und stellte fest, daß ich 52,2 Kilo wog. Das mußte sich ändern. Warum konnte ich mich in meiner Haut nicht wohlfühlen? Ich nahm wieder ab. Doch bevor es ganz schlimm wurde, bat ich nochmals um einen Aufenthalt in einer Klinik. Diesmal war es Kellberg im Bayerischen Wald. Dort war ich sechs Wochen. Mein Ziel war, wieder Mahlzeiten genießen zu können und nicht Kalorien oder

Zahlen zu essen. Das ist nun schon fünf Jahre her.
Das Hungern war früher für mich Hilfe und Schutz zugleich. Ich mußte mir immer selbst beweisen, wie diszipliniert ich bin, und daß mir ja nichts aus der Kontrolle gerät.
Heute fühle ich mich wohl. Meine Waage steht im Keller, und da soll sie auch bleiben. Ich habe den Beruf gewechselt. Durch Anregungen in Prien begann ich mit Aquarellmalerei, stelle meine Bilder hin und wieder aus und verkaufe sie auch. Durch Atemtherapie und Yoga habe ich gelernt, mit meinem Innern ins Gespräch zu kommen. Für meine Körperwahrnehmung ist das sehr wichtig. Und schließlich habe ich ein Buch geschrieben über meinen Weg aus der Magersucht.« (siehe Anhang: Kathrin Seyfahrt)

Laura

»Meine Freundin war so wahnsinnig beliebt, und irgendwie habe ich es damit in Verbindung gebracht, daß sie so dünn ist. Ich wollte so sein wie sie und deshalb habe ich auch abgenommen. Meine Eltern merkten das ein dreiviertel Jahr lang überhaupt nicht. Nun, und dann haben wir ums Essen gekämpft. Wir waren bei Psychologen und auch bei einer Selbsthilfegruppe. Zuerst weigerte ich mich, da hinzugehen, und meine Eltern gingen allein. Später kam ich auch mit. Ich wollte gern Reiten lernen, da stellte mein Vater die Bedingung, daß ich mindestens 38 Kilo wiegen muß, damit ich auch die Kraft habe, ein Pferd zu führen. Da nahm ich zu.
Ich spiele Tennis, Klavier und gehe ins Ballett. Ich habe auch ein Kaninchen. Aber am liebsten hätte ich einen Hund. Das ist so etwas, wo man weiß, daß der einen mag. Man kann mit ihm spielen und viel mehr machen als mit so einem Kaninchen. Ein Hund ist ein richtiger Freund. Aber mein Vater sagt: ›Ein Hund kommt mir nicht ins Haus.‹ Und meine Mutter hat Angst vor

Hunden. Ich wäre gern ein Einzelkind, weil ich dann sicher einen Hund haben dürfte. Einzelkinder werden oft verhätschelt und verwöhnt.
Leider habe ich eine jüngere Schwester. Puh, die ist zum Kotzen und regt mich auf. Vorhin schon wieder. Immer will sie dasselbe wie ich. Will ich mit der Mutter in die Stadt fahren, hat sie gerade die gleiche Idee. Will ich Klavier spielen, muß sie auch gleich üben. Mit den Schlittschuhen war es genauso. Meine Mutter sagte, die bekommst du erst, wenn du zwölf Jahre alt bist, sonst erschlägst du dich mit den Dingern. Dann haben meine Schwester und ich zur selben Zeit welche bekommen, obwohl sie zweieinhalb Jahre jünger ist.
Heute denke ich, daß ich mich damals, als ich magersüchtig war, schon wohlgefühlt habe. Das ist schön, wenn man auf der Waage merkt, daß man dünner geworden ist. Da denkt man: ›Prima, jetzt habe ich was geschafft.‹ Das kann ich heute schon noch nachfühlen. Ich wäre heute gern noch ein bißchen dünner, als ich bin.« (13 Jahre)

Rita

»Man darf sich nicht kränker machen, als man ist. Ich finde es ganz wichtig, auf die eigene innere Stimme zu hören. Man hat ja nicht nur eine kranke Stimme. Da sind auch immer gesunde Anteile dabei. Mir ist aufgefallen, daß man sich andere Inhalte in seinem Alltag schaffen muß. Ich male jetzt ziemlich viel und stricke. Lange habe ich nichts mehr mit den Händen gemacht. Diese Erfahrungen sind sicher für andere banal. Für mich sind sie etwas Besonderes. Man sitzt zum Beispiel da und ist tatsächlich in ein Buch vertieft, denkt also nicht daran, daß man heute morgen ein halbes Kilo mehr gewogen hat oder daß man gleich in die Bäckerei an der Ecke läuft, um sich ein Stück Kuchen zu holen.« (20 Jahre)

»Plötzlich verlor ich die Kontrolle«

Bulimikerinnen und Eßsüchtige berichten

Susanne

»Schon immer habe ich wahnsinnig gerne und viel gegessen. Ich bin das Nesthäkchen der Familie und wollte schon früh gleichberechtigt mit meinen viel älteren drei Geschwistern sein. Vor allem beim Essen. ›Nimm dir nur so viel, wie du auch aufessen kannst‹, ermahnten mich täglich meine Eltern. Ich nahm mir jedoch regelmäßig genausoviel wie meine pubertierenden Geschwister, während ich gerade in die erste Klasse ging.
Als ich dann selbst in die Pubertät kam, aß ich immer noch sehr viel. Ich bekam langsam frauliche Rundungen, war aber ansonsten schlank. Fast überall war ich beliebt, und viele Jungen verliebten sich in mich. In der Schule hatte ich gute Noten. All das machte mich etwas eitel und eingebildet. Verstärkt begann ich, mich auf mein Äußeres zu konzentrieren. Ein paarmal verdiente ich damals sogar als Fotomodell für Mädchenzeitschriften etwas Geld.
Mit siebzehn Jahren machte ich meine erste Diät, eine Brigittediät, die als ganz vernünftig angepriesen wurde, tausend Kalorien am Tag. Für mich war das, weil ich ja noch wuchs, im Grunde genommen etwas für den hohlen Zahn. Dementsprechend schlapp war ich dann auch in dieser Diätwoche: vollkommen kraftlos, ohne Energie und mit enormen Kreislaufproblemen. Eisern hielt ich jedoch bis zum Ende der vorgenommenen Abspecktage durch. Von da an war der Wurm in meinem Eßverhalten. Ungefähr ein halbes Jahr futterte ich an jedem Wochenende zuviel. Der Sonntagsbraten war so lecker, und auch dem Kuchen konnte ich nie widerstehen. Am Wochenende kamen oft meine

Geschwister – zum Teil mit der eigenen Familie –, und wir aßen in großer Runde. Unter der Woche wurde dieses »Zuviel« durch eisernes Maßhalten wieder heruntergehungert.
Irgendwann hatte ich eine schwere Magen-Darm-Grippe, durch die ich extrem abmagerte. Danach nahm ich natürlich wieder zu. Das gefiel mir überhaupt nicht. Am liebsten wäre ich so mager geblieben. Aber es gelang mir nicht. Unaufhaltsam wuchsen die Pfunde an meinem Körper. Ich wog jetzt mehr als vorher.
Auf einmal verlor ich die Kontrolle über mein Eßverhalten. Ich wollte mager sein, doch genau das Gegenteil passierte: Ich wollte wenig oder gar nichts essen, aß aber bei manchen Freßanfällen soviel wie in einen mittelgroßen Kühlschrank paßt. Meine Körperfunktionen gerieten durcheinander und waren völlig gestört. Ein Hunger- oder Sättigungsgefühl nahm ich nicht mehr wahr. Oft nach so einem Freßanfall, der mich einfach überfiel, versuchte ich, mich durch Brech- oder Abführmittel von dem ganzen widerlichen Zeug, das ich in mich hineingestopft hatte, zu befreien. Meist bekam ich quälende Bauchschmerzen, vor allem weil ich die Medikamente weit höher dosierte als angegeben. Nichts half: Ich wurde dicker und dicker. Am liebsten hätte ich mich ins nächste Mauseloch verkrochen, um für immer von der Bildfläche zu verschwinden. Ich fühlte mich ekelhaft, abstoßend, widerlich. Standhaft weigerte ich mich, mir neue Klamotten zu kaufen, obwohl mir so gut wie nichts mehr paßte. Dieses Dicksein war für mich nur ein vorübergehender Zustand, glaubte ich. Jeden Tag nahm ich mir vor, ab dem nächsten Tag strengste Diät zu halten, um in möglichst kurzer Zeit möglichst viel abzunehmen. Das gelang mir vielleicht auch mal ein paar Tage. Danach waren die Freßanfälle um so heftiger. Jetzt erfuhr ich am eigenen Leib, wie das ist, nicht hübsch zu sein, oder besser gesagt, sich häßlich zu fühlen.
Meine Gedanken kreisten nur noch um die Themen Figur und Essen. Wie besessen war ich von diesen Gedanken. Ich erinnere mich an eine Situation in der Schule: Der Reihe nach schaute ich

meine Mitschüler und Mitschülerinnen an und fragte mich, wie es eigentlich sein konnte, daß die an andere Dinge als an Essen oder Nicht-Essen dachten.

Irgendwann fiel mir das *Antidiätbuch* von Susie Orbach in die Finger. Nach der Lektüre des Buches wußte ich wenigstens, daß ich mit der ständigen Kontrolle, was das Essen anging, aufhören mußte. Außerdem mußte ich endlich lernen, meinen Körper so zu akzeptieren, wie er nun mal war. Aber die Theorie ist natürlich Lichtjahre von der Praxis entfernt.

Nach dem Abi ging ich als Au-pair-Mädchen nach Paris. Endlich raus aus der Kleinstadt, in der die Leute mich alle kannten und mir zugesehen hatten, wie ich fetter und häßlicher geworden war. Endlich weg von dieser Schande! Das war natürlich eine Gewaltkur: von dem überschaubaren Städtchen hinein in die Metropole Paris, noch dazu in eine Familie, die sich gerade auflöste. Weil ich seelisch und körperlich nicht besonders stabil war, beeinflußten mich die familiären Spannungen enorm. Aber auch die Hektik der Großstadt wirkte auf mich. Nach einem sehr beängstigenden Kinobesuch – der Film war schockierend – entwickelten sich zusätzlich zu dem Eßproblem Angst- und Panikzustände.

In Paris traf ich allerdings auch meine erste richtig große Liebe. Ich erhielt so eine Ahnung, was es heißt, sich akzeptiert und geliebt zu fühlen.

Wieder in Deutschland, begann ich in München zu studieren. Meine Eßprobleme schienen mir weniger heftig, verglichen mit meinen nervlichen Problemen. Doch sobald ich nervlich stabiler wurde, war die Freßsucht wieder da.

Nach einem Jahr wechselte ich das Studium und ging wieder in eine Kleinstadt, wo es nicht so anonym zugeht. Ich sehnte mich so nach einer »festen Beziehung«, nach jemandem, der mich akzeptiert, liebt und der da ist, wenn man ihn braucht. Mir passierte das schier Unvorstellbare: Ich traf den Mann, der mich bis heute noch liebt und den ich liebe. Er hat mich kennengelernt, als ich am dicksten war, 25 Kilo mehr als heute. Er hatte nie daran gedacht, daß ich abnehmen könnte. Und das war genau der Punkt: Er hatte mich so angenommen, wie ich war. Wir haben immer gemeinsam gekocht und gegessen. Ich hatte nie das Gefühl, er würde mir kein Essen gönnen. Ganz allmählich begann sich mein Eßverhalten zu normalisieren. Das Diäthalten habe ich ganz aufgegeben. Interessanterweise nahm ich dabei zwar ganz langsam, aber stetig ab. Ich fühlte wieder, wann ich Hunger hatte und wann ich satt war. Ich spürte, daß ich mich auf meine Körpersignale ruhig verlassen kann, daß ich mir nicht die Mühe machen muß, mich ständig vom Verstand her zu kontrollieren. Diese Erkenntnis, die mir von der Theorie her schon lange klar war, hat einige Zeit gebraucht. Aber es ist wohl so, daß wirklich dauerhafte Veränderungen sehr, sehr viel Zeit brauchen.« (27 Jahre, früher eßsüchtig)

Lena

»Zweimal in der Woche bekomme ich Heißhungeranfälle. Dann esse ich, was im Kühlschrank und im Brotkorb zu finden ist. Nachher erbreche ich es auf dem Klo. Meine Mutter geht den ganzen Tag arbeiten, denn sie ist geschieden. Trotzdem möchte sie mich kontrollieren. Deshalb muß ich jetzt jeden Nachmittag nach der Schule in ein Paukstudio. Dann komme ich auch erst so gegen fünf Uhr heim wie sie. Manchmal schwänze ich allerdings den Nachmittagskurs. Als meine Mutter das merkte, wurde sie ganz schön sauer. Immer spioniert sie mir hinterher, schaut, was ich mache, oder besser: was ich nicht mache. Und dann kritisiert sie so ziemlich alles an mir. Angefangen bei der Schule bis hin zu meiner Frisur. Sie will, daß ich so bin wie sie, fleißig und ordentlich. Bei ihr muß immer alles tiptop aufgeräumt sein. Wenn ich mal einen schmutzigen Teller stehenlasse, bekommt sie gleich einen Schreikrampf. In meinem Zimmer schnüffelt sie manchmal im Schrank herum. Sie denkt, ich habe dort Plastiktüten mit Erbrochenem versteckt. Das habe früher tatsächlich gemacht, aber das ist schon eine Weile her. Ich glaube ja, daß sie immer wissen will, was ich tue, damit ja nie etwas Unvorhergesehenes passiert.« (16 Jahre)

Maria

»Mit sechzehn Jahren war ich von dem Gedanken besessen, zu dick zu sein. Auch meine Mutter fand mich zu dick. Oft sagte sie zu mir: ›Mensch, du hättest so eine tolle Figur, aber du bist einfach zu dick.‹ Deshalb wollte ich schlanker werden. Aber ich schaffte es nicht, besaß nicht die Disziplin zu hungern. Da entdeckte ich irgendwann das Kotzen. Nachdem ich es zum erstenmal probiert hatte und es irgendwie ging, wurde das Kotzen zum Mittel. Sozusagen Genuß ohne Reue. Schnell verselbständigte sich der Kreislauf Essen und Erbrechen, er geriet mir außer Kontrolle. Es gab Zeiten, da erbrach ich mich nach jedem Essen. Danach hatte ich immer ein schlechtes Gewissen. Ich fühlte mich absolut abartig und ekelte mich vor mir selbst. Irgendwann war ich soweit und wollte mich umbringen. Dieser Zustand war kein Leben mehr, das war nur noch ein Vegetieren. Jedesmal hatte ich mir vorgenommen, wenn ich das jetzt erbrochen habe, ist es das letzte Mal. Dann höre ich auf. Aber es dauerte keine zwei Stunden, da fing es von vorne an.
Meine Eltern bemerkten mein komisches Verhalten, aber sie fragten nie nach. Ich hatte ein sehr schwieriges Elternhaus. Ganz früh schon gaben mich meine Eltern für zwei Jahre zu den Großeltern. Als ich nach Hause geholt wurde, kam meine Schwester auf die Welt. Auf die war ich sehr eifersüchtig. Mit Sicherheit berechtigterweise. Ich war schwierig, hatte Neurodermitis und war oft krank. Meine Schwester war ein Sonnenschein, ein angenehmes Kind.

Als Person bin ich von meinen Eltern nie wahrgenommen worden. Das ist es, was ich ihnen absolut nicht verzeihe. Ihre eigene Unzufriedenheit haben sie an mir ausgelassen. Das ist übel. Mein Vater war ein Waschlappen, und meine Mutter brauchte nur mit den Fingern zu schnalzen, dann kam er angerannt. Aber geliebt hat meine Mutter den Vater nie. Sie war eine nörgelnde, mürrische, ewig unzufriedene Frau.

Weil ich mich mit meiner Mutter nicht verstand – sie war putzsüchtig – zog ich in den ausgebauten Keller. Dort gab es kein Klo. Also kotzte ich in eine Plastiktüte, die ich erst mal versteckte. Wenn die Wohnung oben frei war, spülte ich den Inhalt der Tüte in die Toilette. Natürlich waren immer Spuren da. Das Erbrochene hat ja auch gestunken, weil es länger stand. Oft hat mein Vater diese Tüten gefunden. Ich erinnere mich noch, wie er einmal sagte: ›Wenn du das schon machen mußt, dann mach es doch bitteschön im Klo und kotz nicht in irgendeine Tüte.‹

Diese Freßanfälle waren fürchterlich. Ohne Hemmungen habe ich mir überall das Essen hergeholt, egal ob das jetzt bei Leuten war. Geklaut habe ich weniger, weil ich schon vorher wegen Diebstahl zu einer Jugendstrafe verurteilt worden war. Da war ich gebrannt. Nur von meinen Eltern klaute ich Geld. Aber die sagten nichts oder merkten es nicht einmal.

Ums Essen kommt man ja nicht herum. An jeder Ecke begegnet es dir. Ich war dem Essen völlig verfallen und wußte nicht, wie ich da je rauskommen sollte. Ich nahm auch Abführmittel.

Dann lernte ich einen Therapeuten kennen. Der erzählte mir von Primärtherapie. Das war fast wie eine Erleuchtung. Vorher hatte ich mir nie Gedanken darüber gemacht, warum ich so bin. Ich war überzeugt, daß es meine Schuld sei. Als ich mich schließlich diesem Therapeuten anvertraute, erkannte ich, daß es nicht nur meine Schuld war, sondern auch andere Ursachen hatte. Anhand von gegenwärtigen Erlebnissen ging ich zurück zu Kindheitserlebnissen. Ich durchlebte sie nochmals und konnte sie abschließen. Die Therapie war letztendlich die wirkliche Hilfestellung,

daß ich langsam mit dem Fressen und Kotzen aufhören konnte. Dabei muß ich mir auch selbst auf die Schulter klopfen, daß ich das schaffte, denn es gehörte sehr viel Energie dazu. Ich glaube, daß hinter der Eß-/Brechsucht eine Lebenssucht steht, die aber destruktiv ist.
Irgendwann kam der Punkt, daß ich dachte, jetzt kannst du leben wie normale Leute. Auch normale Leute haben Probleme. Heute muß ich nicht mehr ständig an Essen denken und wünsche mir auch nicht mehr, tot zu sein. Ich fühle mich stark. Nur manchmal denke ich daran, wie schlimm dieses Leben viele Jahre lang war. Dann muß ich heulen.« (25 Jahre)

»Ich möchte mich nicht manipulieren lassen«

Eltern berichten

Irritiert bemerken Eltern die Veränderung ihres Kindes. Es ist keinen rationalen Begründungen mehr zugänglich, zieht sich zurück, verschließt sich, wird schmal und schmaler. Voller Panik und Angst versuchen Eltern, den Schutzwall, den sich ihr Kind aufgebaut hat, zu durchbrechen. Mit Drohungen, Schmeicheleien, kleinen Erpressungen kommen sie nicht sehr weit. Im folgenden berichten Eltern, wie sie mit dieser für sie völlig unbekannten Situation umgehen oder sie durchlebt haben:

Ellen

»Wir stehen im Moment genau dort, wo wir vor einem Jahr standen. Wir waren alle so glücklich und zufrieden, dachten, es sei vorbei. Da gab es plötzlich einen Riesenknall. Julia hatte einen Rückfall. Ganz schlimm, ganz dünn sieht sie jetzt aus, wie ein Schmetterling. Natürlich stehen wir nicht am Anfang, was das Wissen um die Krankheit angeht. Der Versuch unserer Tochter, auf eigenen Beinen zu stehen, ist aus heutiger Sicht nicht gelungen. Jetzt lebt sie wieder bei uns. Sie ißt nur noch unter Beobachtung. Die Küche bleibt den ganzen Tag abgeschlossen, damit Julia nicht in Versuchung kommt.

Der Alltag ist wieder schwer für uns geworden. Alles was ich tue, wird mir negativ ausgelegt. Immer bin ich an allem schuld. Doch wenn sie etwas braucht, kommt sie zu mir. Sie weiß dann schon, daß ich mit meinem Mann rede, und das ist wahrscheinlich falsch. Sie hat uns immer auseinanderdividiert. Man gewinnt

den Eindruck, bei der Krankheit gehe es nur darum, wer die Oberherrschaft in der Familie hat. Mich stellt sie herum wie eine Schachfigur. Schon um des Friedens willen – ich möchte Ruhe haben – bin ich bereit nachzugeben, bevor das große Geschrei anfängt. Mir ist es unangenehm, wenn Nachbarn unsere Auseinandersetzungen mit anhören. Ich bin in einer Kleinstadt großgeworden, da achtet man darauf, was die anderen sagen.
Manchmal bin ich so zornig, daß sie unser Leben so sehr bestimmt. Sie ist groß genug, um ihr eigenes Leben zu leben. Es kommt vor, daß ich bei der Arbeit am Schreibtisch sitze und denke, ich kann mir nicht mein ganzes Leben von Julia kaputtmachen lassen. Sie ist oft so häßlich zu mir, daß ich die ganze Nacht weine. Hin und wieder fühle ich mich hilflos, wie ein Tier, das in die Enge getrieben wurde. Und in die Enge gedrängt, greift es an. Aber eigentlich bin ich ein friedlicher Mensch.
Ich glaube ja, daß diese Krankheit eine Wohlstandserscheinung ist, die daraus resultiert, daß sich die Eltern zuwenig um die Kinder kümmern und sie aus schlechtem Gewissen mit Geschenken überhäufen. Vorn und hinten wird es den Kindern reingesteckt, nur damit sie Ruhe geben und die Eltern sich nicht mit ihnen beschäftigen müssen. Aber ich habe meinen Beruf als Juristin aufgegeben, solange Julia klein war. Ich habe mich sehr viel und intensiv um sie gekümmert, habe mich jahrelang auf Spielplätzen herumgedrückt. Nie haben wir ihr etwas aus schlechtem Gewissen heraus gekauft. Und doch haben wir ein anspruchsvolles, eigentlich undankbares, verwöhntes Kind herangezogen. (Mutter einer magersüchtigen Tochter)

Thomas

»Am Anfang fiel uns die Krankheit nicht auf. Wir hatten unserer Tochter eine Studentenbude besorgt, die sie eigentlich gar nicht haben wollte. Doch wir meinten, sie solle ihre Freiheit haben, die

Möglichkeit, ein lockeres Leben zu führen. Erst als sie ganz dünn war, merkten wir etwas. Da haben wir die Notbremse gezogen und sie zu uns genommen. Denkbar ist, daß wir ihr nie deutlich genug Grenzen gezeigt haben. Jetzt spielt sie täglich fast unerträgliches ›powerplay‹. Aber ich halte das durch. Ich möchte mich nicht von ihr manipulieren lassen.
Immer wieder fragen wir uns, was denn zu dieser Krankheit geführt hat. Welche Steinchen haben wir noch nicht aufgedeckt? Wie ist es mit ihrem Selbstwertgefühl? Ganz verstehe ich es nicht, warum sie so wenig davon hat. Vielleicht ist ja der Abbau des natürlichen Anspruchs an das Elternhaus der Schlüssel zum Erfolg. Ein ständiger Streitpunkt in der Familie ist Silkes fehlender Beitrag zum Gemeinwohl der Familie. Sie erwartet nur immer von der Familie, bringt aber selbst nichts ein.
Sicher hatte sie es auch schwer, uns alles recht zu machen, denn unsere Vorstellungen, wie ein anständiger Mensch durchs Leben gehen soll, haben wir ihr gegenüber deutlich formuliert. In allen Bereichen haben wir ihr reingeredet, sie beeinflußt. Aus diesem Grund haben wir ihr die Reiterei als Hobby gelassen. Da können wir nicht mitgackern, denn davon verstehen wir nichts. Natürlich sind Eltern, die immer alles besser wissen und können, fürchterlich. Wir sind sehr sportlich, laufen Ski, schwimmen hervorragend, und was wir anpacken, gelingt uns. Es ist mir schon klar, daß sie unter unserer Dominanz nicht hochkommen kann. Vermutlich konnte sie nicht wirklich eigene Pläne entwickeln, möglicherweise war sie zu überbehütet.
Im Moment ist die Krankheit eine Aufgabe. Sie gehört mit zur Familie, denn es geht im Leben nicht alles glatt, es geht auf und ab. Ich fühle mich in keiner Weise eingeschränkt. Wir stehen vor einem großen Fragezeichen und können nur versuchen, Dinge nachzuholen, die wir vielleicht versäumt haben. Jetzt geht es wohl einen Schritt vorwärts und zwei zurück. Wir sitzen in der Schlangengrube. Doch vielleicht sieht es in ein paar Wochen ganz anders aus.« (Vater einer Magersüchtigen)

Angelika

»Viele Faktoren kamen zusammen. Im Sommer sollte Anna ein eigenes Zimmer haben. Sie zog aus dem gemeinsamen Kinderzimmer mit Lena, unserer Jüngeren, aus. Immer wieder beteuerte sie, daß es jetzt ganz toll sei. Weil die Kleine todunglücklich war und abends vor dem Schlafengehen immer weinte, setzte ich mich zu ihr ans Bett und kümmerte mich um sie. Anna sagte nichts, obwohl sie auch unglücklich war. Sie hatte sich selbst überschätzt und überfordert.
Erst im März des folgenden Jahres während des Skiurlaubs merkten wir, daß sie eigentlich nichts aß, nur Salat ohne Soße. Mein Mann und ich reagierten voller Panik. Fast waren wir versucht, sie zum Essen zu zwingen. Es war furchtbar. Im Hotel konnten wir es ja auch nicht so durchfechten. Wenn wir Anna aufs Essen ansprachen, heulte und tobte sie sofort. Wir Eltern waren völlig überfordert und wußten nicht, was wir machen sollten. Gleich nach dem Urlaub ging ich mit Anna zum Kinderarzt. Der sagte ihr, daß sie mehr essen solle. Er verschrieb Vitamine. Anna hatte eine große Angst, daß sie Fettpillen essen müsse. Sie hatte eine große Abscheu vor Fett.
Der Kinderarzt gab mir auch die Adresse eines Psychologen. Weil sich der Zustand unserer Tochter weiter verschlechterte, gingen wir dorthin. Wir wußten, daß sie nicht freiwillig mitkommen würde. Also logen wir und sagten, daß wir ins Zentrum zum Einkaufen fahren. Mein Mann stellte die Kindersicherung im Auto ein, damit Anna nicht plötzlich rausspringen konnte. Als wir ausstiegen, merkte sie, daß wir in der Nähe eines Krankenhauses waren. Sie warf sich auf den Boden, und mein Mann und ich hatten alle Mühe, sie zum Psychologen zu schleppen. Es war furchtbar. Das Gespräch beim Therapeuten war dann aber unglaublich gut. Am Abend war Anna wie verwandelt. Sie redete sich alles von der Seele, während sie vorher gar nicht mehr zugänglich war. Der Kernsatz des Arztes war wohl: ›Anna, du versuchst deine

Kindheit festzuhalten, aber so wie du es machst, wird es dir nicht gelingen. Du siehst ja selber, daß du völlig unglücklich bist.‹ Das muß bei ihr irgend etwas bewegt haben. Sie hatte uns erzählt, daß sie sich nun wie ein Vogel fühle, dem plötzlich die Ketten weggesprengt wurden. Vorher war sie ein Eisblock, der nun ans Feuer gestellt wurde. Doch am nächsten Tag war alles wie vorher. Wieder aß sie nichts und war völlig erstarrt.
Auf einer Grillparty bei Nachbarn fragten mich die Besucher, warum Anna so schlecht aussieht. Ich sagte: ›Sie weigert sich zu essen!‹ Der Nachbar hörte zu, und ich entschuldigte mich, daß ich sein Fest mit meinem Kummer so störe. Doch der sagte nur, daß das okay sei und er eine Stelle wüßte, wo Anna hingehen könne.
Nach etwa zwei Wochen faßte ich mir ein Herz und ging in die von ihm genannte Selbsthilfegruppe. Irgendwann kam auch Anna mit. Von diesem Zeitpunkt an ging es wieder aufwärts. Natürlich fand ich die Gruppensituation zunächst peinlich und schlimm für mich. Manchmal habe ich danach auch geheult. Doch als Zuhörerin fand ich es spannend, welche Fehler die anderen machen. Daraus lernte ich. Manchmal dachte ich: ›Mensch, die gleichen Fehler machst du auch, zum Beispiel inkonsequent sein.‹ Wieso schaffen wir es als Mütter nicht, das durchzusetzen, was wir wollen? Mein Mann kann das besser. Wir sind sehr verschieden. Das hat Anna auch gespürt und uns gegeneinander ausgespielt. In der Selbsthilfegruppe wurde klar, daß wir Eltern gemeinsam an einem Strang ziehen müssen.
Irgendwie hatte Anna Angst, mir bald überlegen zu sein. Sie sagte einmal: ›Ich habe Angst zu wachsen, weil ich Angst habe, daß ich dir dann überlegen bin.‹ Wahrscheinlich hat sie sich bei mir nie geborgen gefühlt, weil ich so unsicher bin. Ich bin so anders als meine Tochter. Und das machte es mir auch schwer, mit ihr gut auszukommen. Oft ist sie frech und unverschämt oder lehnt einfach die Mithilfe im Haushalt ab. Aber andererseits ist sie so witzig und schlagfertig, daß wir häufig darüber lachen.

Heute geht es besser, ist aber immer noch schwierig. Ich hatte mir immer ein rücksichtsvolles Kind gewünscht, das auch ein bißchen auf die anderen eingeht. Sie ist nun mal anders, und ich lerne langsam, dieses Anderssein zu akzeptieren.« (Mutter einer damals elfjährigen Magersüchtigen)

Heiner

»Man hat zwar gemerkt, daß Anna dünner wurde, aber dem nicht so viel Bedeutung beigemessen. Schwierig wurde es erst, als wir erkannten, daß Anna wirklich krank ist. Da waren wir zunächst sehr hilflos. Am Abend, wenn wir bei ihr auf der Bettkante saßen und noch plauderten, versprach sie uns, daß sie am Morgen wieder mit dem Essen anfängt. Aber am nächsten Morgen änderte sich nichts an ihrem Verhalten. Sie schien die Einsicht zu haben, doch der folgten keine Taten. Damit fertigzuwerden war sehr schwer.

Wir hatten Angst, daß sie eines Tages tot im Bett liegt. Das klingt sehr dramatisch, aber so war es für uns. Der Zugang zu ihrem Wesen war versperrt. Immer wieder versuchte ich trotz aller Hilflosigkeit, wieder besser mit ihr klarzukommen. Für mich war es wichtig, mit ihr spazierenzugehen. Das machte sie gern und ich auch. Da unterhielten wir uns über viele Dinge, und ich erfuhr, was sie gerade bewegte. Damit ich mich aber nicht als Trimmgerät mißbraucht fühlte, rechnete ich ihr vor, was so ein Spaziergang an Kalorien verbraucht – sie hatte Kalorientabellen auswendig gelernt und kannte sich aus – und verlangte, daß sie zum Beispiel einen Apfel mitnimmt und auf dem Weg ißt. Solche Dinge konnte man gut mit ihr aushandeln. Meine Frau führte auch Buch über das, was Anna aß. Später dachten wir, daß es vielleicht nicht gut war, das Denken immer ums Essen kreisen zu lassen. Doch damals waren die Basis unseres Feilschens kalorienarme Menüs (250 Kalorien), die aß Anna.

Irgendwann erhielt meine Frau die Adresse einer Selbsthilfegruppe. Wir gingen hin. Natürlich fühlte ich mich dort nicht wohl, obgleich es sicherlich richtig und sinnvoll war. Wir haben nicht gelernt, über Gefühle oder über Probleme zu reden, die einen beschäftigen. Deshalb waren wir angespannt und nervös. Doch Anna war, als sie endlich mit uns ging, noch nervöser.
Wir waren nicht so überheblich zu denken, bei uns zu Hause liefe alles optimal. Wir zwei Erwachsenen machten gerade eine schwierige Phase des Zusammenlebens durch. Das beeinflußte sicherlich die Situation. Aber wieviel Prozent macht das aus? Ich möchte die familiäre Situation nicht im nachhinein entschuldigen, aber meiner Meinung nach ist die Krankheit auch in der persönlichen Struktur eines Kindes bedingt. Es muß ein Kind sein, das es schwer hat, es sich aber auch selbst schwermacht. Anna ist besonders intelligent. Das macht ihr auch zu schaffen. Vielleicht nimmt sie Probleme eher wahr als andere und setzt sich mit ihnen auch ernsthafter auseinander.
Ein Punkt war sicher, daß uns Anna leicht auseinanderdividieren konnte. Bei uns war es üblich, etwas so oder anders zu entscheiden, weil es Gründe dafür gab, nicht weil es die Eltern bestimmten. Damit wurde eine Entscheidung jedoch relativ, hatte nichts Endgültiges. Das spürte Anna sofort und nutzte es für sich aus. Es gab wohl eine Vielzahl von Einflußfaktoren.
Als wir in der Selbsthilfegruppe waren – auch in Einzel- und Familientherapie – ging es aufwärts. Wir dachten schon, wir hätten es geschafft, als Anna plötzlich einen totalen Rückfall bekam. Nachts machte sie auf der Toilette Gymnastik. Wir gaben nicht auf. Und dann ging es auch wieder besser.
Heute haben wir den Eindruck: Das Gewicht ist okay. Annas Eßverhalten ist jedoch nach wie vor extrem. Bei Anspannung ißt sie sehr viel, das ist fast eine Art Freßanfall. Sie ist gleich so maßlos. Nach wie vor sind wir unsicher. Das spürt sie. Manchmal sagt sie: ›Seid doch froh, daß ich so gut drauf bin.‹« (Annas Vater)

Hunger im Schlaraffenland

Welche Bedeutung hat Essen in unserer Gesellschaft? Ein Exkurs

Pathologische Verhaltensweisen von Menschen sind in den meisten Fällen nichts anderes als die Übertreibung einer »Normalität«, die oft nur deshalb als normal gilt, weil sich breite Bevölkerungsschichten so verhalten. Ob es sich um psychische Krankheiten wie zum Beispiel Schizophrenie oder um Süchte wie Drogenabhängigkeit oder Magersucht handelt – stets bezieht sich die Definition des Pathologischen auf einen in der Gesellschaft vorfindlichen »Normal«zustand. Oder anders herum: In unser aller »normalem« Verhalten ist – als dessen Übertreibung – der pathologische Zustand bereits angelegt.
Vor dem Hintergrund dieser These erscheint es uns sinnvoll, sich in einem Buch über Eßstörungen auch ein paar Gedanken zu machen über die sogenannten »normalen« Eßgewohnheiten, die in unserer Konsumgesellschaft vorherrschen, und sich zu fragen, welche Aspekte dieser »Normalität« von Magersüchtigen und/oder Bulimikerinnen sozusagen selektiert und ins Pathologische übertrieben werden.
Warum beginnen wir zu essen? Warum hören wir auf zu essen? Und warum essen wir genau das, was wir essen? Man könnte es sich leicht machen und ebenso kurz und prägnant antworten: Weil wir Hunger haben. Weil wir satt sind. Und weil uns genau das, was wir essen, eben schmeckt.
Auch wenn diese Antworten nicht völlig falsch sind, so geben sie doch nur einen Bruchteil dessen wieder, was wirklich hinter unserem Geschmack und unseren Eßgewohnheiten steckt. Sicher: Essen ist eine elementare biologische Notwendigkeit, und unsere körperlichen Bedürfnisse nach Nahrung machen sich be-

merkbar über die Gefühle Hunger, Appetit und Sättigung. Sie steuern das Eßverhalten des Menschen aber nicht absolut. Wir können essen, ohne Hunger zu verspüren, und damit aufhören, ohne satt zu sein.
Fastenkuren, Hungerstreiks oder das Eßverhalten von Magersüchtigen zeigen dies augenfällig. Die Regulierung unseres Eßverhaltens durch die Faktoren Hunger, Appetit und Sättigung läßt sich leicht durch äußere Einflüsse aus dem Gleichgewicht bringen, denn in keiner Zivilisation dient das Essen ausschließlich der physischen Befriedigung. Essen ist immer auch soziales Verhalten, das eng mit bestimmten Sitten und Traditionen, Werten, Ideologien und Moden verbunden ist. Und: Eßstörungen sind nur die Spitze eines Eisbergs, quasi die extreme Ausformung dessen, was inzwischen als mehr oder weniger »normales« Eßverhalten vom Großteil der heutigen Bevölkerung der Industrieländer praktiziert wird. Wenn wir also als Eltern dazu beitragen wollen, daß Eßstörungen bei unseren Kindern gar nicht erst entstehen, dann sollten wir einige Gedanken auf unser eigenes Eßverhalten verwenden und darauf, wie wir auf die diesbezüglichen »Vorschriften«, Ideale und Zwänge unserer Konsumgesellschaft reagieren. Dafür will der folgende Exkurs sensibilisieren.

Der Mensch ißt anders, als er sich ernähren sollte

Lange Zeit wurde die Ernährung vor allem rational untersucht. Medizin und Ernährungswissenschaften beschäftigten sich mit der Zusammensetzung von Nahrungsmitteln, mit Vitamin- und Nährstoffgehalten und mit den Auswirkungen falscher Ernährung auf die Gesundheit. Ernährungswissenschaftler formulieren seit vielen Jahren Empfehlungen, wie eine gesunde und ausgewogene Ernährung aussehen soll. Viele Ballaststoffe und Vitamine, vollwertig, dabei wenig Fett, Salz und Zucker heißt ihre

Devise. Doch jahrelang passierte nichts. Die Deutschen blieben dem Schweinebraten treu und aßen weiterhin zuviel, zu fett und zu salzig. In ihrem Ernährungsbericht, den die *Deutsche Gesellschaft für Ernährung (DGE)* alle drei Jahre herausgibt, konnte erst 1992 festgehalten werden, daß sich das Ernährungsverhalten der Bevölkerung verbessert hat. Fast vierzig Jahre Arbeit (die DGE gibt es seit 1953), um die Ernährungsgewohnheiten der Deutschen zu verändern. Warum ist das so schwer?

Die Ernährung ist ein Sonderfall menschlichen Verhaltens. Ernähren muß sich jeder, und das mit einer außerordentlich großen Häufigkeit über das gesamte Leben. Essen und Trinken ist verknüpft mit den unterschiedlichsten Gelegenheiten und Situationen. Beides ist biologisch absolut notwendig, hat zugleich aber auch einen fest verankerten sozialen Stellenwert. Diese beiden Aspekte drücken sich auch in der Sprache aus. So werden Essen und Ernährung zwar als Synonyme verwendet, tatsächlich aber lösen beide Begriffe völlig verschiedene Assoziationen aus. Als Ernährung bezeichnen wir eher die rationale Seite der Nahrungsaufnahme. Spricht man von Ernährung, denkt man an den Nährstoffgehalt, an Fett, an die Gesundheit und so weiter. Beim Essen aber vergessen wir die Ernährung. Essen ist mehr als die Befriedigung des Hungergefühls und die Versorgung des Körpers mit Nährstoffen. Essen hat zu tun mit Genuß und mit Lust. Und mit unserer Umgebung.

Die Bindung an familiäre und kulturelle Gegebenheiten formt unser Ernährungsverhalten. Im Alltag mit der Familie, in Kindergarten und Schule entwickeln sich von Kindheit an Eßgewohnheiten, die im Erwachsenenalter als »normal« erlebt werden. Das Frühstücksbrötchen mit Konfitüre und Kaffee, das Mittagessen mit Kartoffeln, Gemüse und Fleisch, der Nachmittagskaffee mit Kuchen beispielsweise sind solche kulturell geprägten Gewohnheiten. Auch Eßgestörte greifen im Verlauf ihrer Krankheit immer wieder auf bestimmte Verhaltensmuster zurück, die sie in ihrer Kindheit erlernt haben. So erzählt zum

Beispiel eine Magersüchtige: »Wenn ich früher aus der Schule kam, hatte ich immer wahnsinnigen Hunger. Ich durfte dann aber nichts essen, weil ich warten mußte, bis meine Geschwister und mein Vater nach Hause kamen, denn auf das gemeinsame Mittagessen legten meine Eltern großen Wert. Später, als ich magersüchtig war, verhielt ich mich ähnlich. Wenn ich Hunger hatte, erlaubte ich mir nie, sofort zu essen, sondern verordnete mir immer eine Wartezeit.«

Auch bei der Beurteilung von Lebensmitteln übernehmen Kinder häufig schon früh die Vorstellungen der Erwachsenen, selbst wenn sie sie meist nicht direkt nachvollziehen können und sich auch nicht unbedingt danach richten. So beurteilen sie Vollkornbrot, Kartoffeln und Käse als gesunde Lebensmittel, Pudding, Bonbons, Schokolade und Hamburger als ungesund und dickmachend, was der Beliebtheit jedoch keinen Abbruch tut. Abgesehen von individuellen Geschmacksvorlieben und -aversionen unterliegt das gesamte Verhaltensmuster der Nahrungsaufnahme erfahrungsbedingten Lernprozessen.

Unsere Eßgewohnheiten werden demnach davon beeinflußt, wo wir aufwachsen und mit welchen Speisen, wie die Menschen in unserer Umgebung essen und welchen Stellenwert bestimmte Nahrungsmittel haben. So wird ein Kind vielleicht den Geschmack von Kaviar und Hummer spontan eher ablehnen, als Erwachsener aber beides genießen, weil ihm der Konsum dieser Produkte in unserer Gesellschaft soziales Prestige verleiht. Lebensmittel werden somit auch zu Statussymbolen. Je begrenzter ein Lebensmittel verfügbar ist, je exklusiver es ist, um so höher wird es bewertet. Diese Bedeutung, die ein Nahrungsmittel hat, kann sich im Laufe der Jahre durchaus verändern. So ist es noch nicht allzu lange her, daß Hering in Deutschland als Arme-Leute-Fisch galt. Heute ist er seltener geworden und gilt nunmehr als Delikatesse. Ein anderes Beispiel für den Imagewandel eines Lebensmittels ist die Margarine. Zunächst als Butterersatz abqualifiziert, beurteilen gesundheitsbewußte Ernährungswissen-

schaftler die Diät-Margarine inzwischen als hochwertige Alternative zur cholesterinreichen Butter.
Neben diesen sozialpsychologischen Aspekten beeinflussen auch eine Reihe von kulturhistorischen Faktoren unser Eßverhalten.

Tischsitten – ein Ausflug in die Geschichte

»Ehemals aß man aus der gemeinsamen Platte und tauchte Brot und Finger in die Soße.«[14] So beschreibt ein französischer Marquis Anfang des 17. Jahrhunderts die Tischmanieren seiner Vorfahren. Im Mittelalter nahmen die Gäste das Fleisch mit den Fingern von der Platte, zerteilten es mit ihren mitgebrachten Messern und aßen mit den Fingern. Heute darf man das nur noch in den Fastfoodketten, was diese nach Ansicht einiger Psychologen gerade für die jungen Gäste besonders attraktiv macht. Zu Zeiten des Marquis ging es da schon vornehmer zu: »Heute ißt jeder mit Löffel und Gabel von seinem eigenen Teller, und ein Lakai wäscht das Besteck von Zeit zu Zeit am Buffet.« Das Messer scheint nicht überall von Anfang an dabei gewesen zu sein. An manchen fröhlichen Tafelrunden fürchtete man wohl, daß es mit Messern am Tisch zu Verletzungen kommen könnte.
»Fasse nicht als erster auf die Platte, die man gerade bringt, nicht nur, weil es als gierig erscheint, sondern weil es zugleich mit Gefahr verbunden ist. Denn wer unerfahren etwas Heißes in den Mund nimmt, muß entweder ausspucken oder sich den Gaumen verbrennen, wenn er es herunterschluckt. Jedenfalls ist er lächerlich oder bedauernswert... Die fettigen Finger abzulecken oder am Rock abzuwischen ist unzivil. Man nimmt dazu besser Tischtuch oder Serviette«.[15] Was Erasmus von Rotterdam 1530 unter guten Tischsitten verstand, kommt unseren heutigen Vorstellungen schon recht nahe.

Stilvolles, vornehmes Essen war schon immer etwas Besonderes und früher gar ein Privileg des Adels. Im 16. und 17. Jahrhundert erst drangen die Verhaltensweisen des Adels in die oberen Mittelschichten ein, wurden dort nachgeahmt, aber, entsprechend der sozialen Lage, mehr oder weniger verändert. Verhaltensweisen, die früher normal waren, wurden nun plötzlich abgelehnt und als peinlich empfunden.

Im 18. Jahrhundert entstanden die ersten Restaurants. In München boten die Braugaststätten den Reisenden schon im 16. Jahrhundert Unterkunft und Verpflegung. Meist saßen die Gäste an einem großen Tisch zusammen und aßen, was der Wirt am jeweiligen Tag auftischte. Erst seit dem Ende des 18. Jahrhunderts speisten die Gäste individuell an kleinen Tischen und konnten aus dem Angebot einer Speisekarte wählen.

Ein wichtiger Schritt, der die kommunikative Funktion des Essens forcierte, die es noch heute hat, vollzog sich im 19. Jahrhundert: Den Gästen wurden jetzt die Speisen und Beilagen fertig angerichtet auf Tellern serviert und das Menü nacheinander als Speisenfolge serviert. Beim »service à la russe« konnten sich die Gäste von nun an ganz auf das Gespräch konzentrieren, da sie die Gerichte nicht mehr selbst zerteilen und sich nicht mehr gegenseitig bedienen mußten. Der Weg war frei für intensive Gespräche, für Diplomatenessen und Arbeitsessen, bei denen das Gespräch Vorrang hatte.

Hunger und Überfluß

Bis ins 19. Jahrhundert hinein wurde die Bevölkerung Europas immer wieder von zyklisch wiederkehrenden Hungerkrisen heimgesucht. Die Ursachen dafür waren Mißernten, Kriege und Seuchen. Erst gegen Ende des 19. Jahrhunderts führten Verbesserungen in der Agrarwirtschaft und der Ausbau der überregionalen Transportwege zur Stabilisierung der Ernährungslage.

Durch die wachsende Industrialisierung veränderten sich auch die Lebensmittel. Es kamen zunehmend stark verarbeitete und lang haltbare Produkte auf den Markt. Damit veränderte sich auch die tägliche Ernährung. Während früher meist pflanzliche Nahrungsmittel gegessen wurden, stieg nun der Verbrauch tierischer Produkte. Die Ernährung wurde eiweiß- und fettreicher, dafür ballaststoff- und kohlehydratärmer. Schon damals warnten Kritiker vor diesen Eßgewohnheiten und plädierten für eine natürliche Ernährung.
Die beiden Weltkriege des 20. Jahrhunderts lösten erneut Hungerkrisen aus. Während des Krieges und in der Nachkriegszeit wurden Lebensmittel rationiert. Auf Lebensmittelkarten wurde jeder Familie eine bestimmte Tagesration an Nahrungsmitteln zugeteilt, die oft gerade zum Überleben, nicht aber zum Sattwerden reichte. Hungern ist ein einschneidendes Erlebnis für den Menschen und hat massive Auswirkungen auf sein körperliches und seelisches Gleichgewicht. Die Hungerjahre des 20. Jahrhunderts haben die Eßgewohnheiten der Nachkriegsgeneration geprägt und die »Ernährungs-Erziehung« ihrer Kinder beeinflußt. Die Maxime lautete: »Es wird gegessen, was auf den Tisch kommt.« Und weil die Eltern hungern mußten, wurden ihre Kinder gezwungen, den Teller leer zu essen.
Diese Zeiten sind vorbei, zumindest in den westlichen Industrieländern. Prall gefüllte Regale in den Supermärkten und üppig beladene Stände auf den Wochenmärkten bieten Waren aus aller Welt und zu allen Jahreszeiten. Saisonale Einflüsse oder die Reservierung besonderer Speisen für besondere Festtage spielen für unser Eßverhalten kaum mehr eine Rolle. Wir leben im Überfluß. Essen ist längst nicht mehr nur eine Sache der Lebenserhaltung. Unser Bedürfnis nach Nahrung und allem, was damit zusammenhängt, unterhält eine riesige Konsumgüterindustrie, die hochspezialisierte Produkte herstellt. Es gibt Kindernahrung und Säuglingsnahrung, Fertiggerichte, Tiefkühlkost, Diätprodukte. Und auch die Gentechnologie ist dabei, in den Lebens-

mittelbereich einzudringen und uns ihre manipulierten Produkte anzupreisen.
Im Gegensatz zu den vorangegangenen Generationen, die froh waren, überhaupt etwas zu essen zu haben, haben wir heute die Qual der Wahl. Im Überfluß wird die Auswahl nicht nur möglich, sondern sogar (lebens-)notwendig. Bei vielen führt der Überfluß allerdings zu Hilflosigkeit und Orientierungslosigkeit im Umgang mit Nahrung. So ist die Ernährungssituation in den westlichen Industrieländern nach Meinung von Ernährungswissenschaftlern gekennzeichnet »durch eine quantitative Überernährung verbunden mit einer qualitativen Unterernährung.« Mit anderen Worten, wir essen zuviel, zu fett, zu süß und zu salzig. Wir nehmen zuwenig Ballaststoffe, zuwenig Kohlenhydrate, Vitamine und Spurenelemente zu uns. Über fünfzig Prozent aller Todesfälle in der Bundesrepublik werden durch ernährungsbedingte Krankheiten verursacht, sagte Rita Süssmuth 1988 auf einer Tagung der Verbraucherverbände in Bonn. Als ernährungsbedingte Krankheiten gelten Gesundheitsstörungen, deren Ursache auf Fehlernährung zurückzuführen ist, beziehungsweise die durch eine Ernährungsumstellung vermieden werden könnten. Dazu gehören Bluthochdruck, Herz- und Kreislauferkrankungen, Leber-, Darm- und Gallenerkrankungen. Das sind die Schattenseiten des Schlaraffenlandes. Und: Neben falscher Ernährung und Übergewicht wächst die Zahl der Menschen mit gestörtem Eßverhalten. Einige Wissenschaftler gehen davon aus, daß die Unfähigkeit des individuellen Umgangs mit Nahrung mit zu der Entstehung von Eßstörungen beiträgt.

Champagner, Hummer und Big Mäc

Das Menü des Tages könnte so aussehen: Vor der Vorspeise als Amuse gueule Melone und Pomelo auf Johannisbeer-Portweinspiegel, mit gerösteten Mandelsplittern bestreut und mit Ingwer

bestäubt; danach vielleicht Streifen von gebratener Gänsebrust mit Mangospalten auf Eisbergsalat und einer Essig-Sherry-Vinaigrette, dann Filets vom Petersfisch an Zitronensauce mit... und so weiter. Dem einen mag das Wasser im Munde zusammenlaufen, der andere ist Besseres gewohnt, der dritte rümpft angeekelt die Nase. Kein Problem. Wem die Haute Cuisine nicht liegt, der kann wählen von gutbürgerlich über vollwertig und vegetarisch bis hin zu asiatisch, italienisch, spanisch, türkisch, französisch und... und... und... Essen ist heute vielfältiger denn je. Mehr noch: Viele unserer sozialen Beziehungen gehen »durch den Magen«. Miteinander zu essen war zwar schon immer ein wichtiges Moment zwischenmenschlicher Beziehungen. Niemals zuvor aber hatte der Restaurantbesuch einen so hohen Stellenwert wie heute. Früher wurden Gäste zu Hause bewirtet, und die gemeinsame Mahlzeit war ein zentraler Bestandteil des Familienlebens. Heute dagegen fällt die traditionelle Familienmahlzeit zunehmend weg. Der regelmäßige Mahlzeitenrhythmus – morgens, mittags, abends – existiert zwar noch, ist aber für den tatsächlichen Zeitpunkt, wann wir wo was essen, weniger ausschlaggebend als früher. Bedingt durch die Trennung von Wohnung und Arbeit bleibt heutzutage mittags oft nur Zeit für einen Imbiß oder ein schnelles Essen in der Betriebskantine. Die Hauptmahlzeit wird, sofern es sie überhaupt noch gibt, meistens auf den Abend verlagert. Diese Auflösung des festen Mahlzeitenrhythmus läßt sich besonders augenfällig bei Eßgestörten feststellen. Sie lassen meist Frühstück und Mittagessen ausfallen und sättigen nachmittags einen enormen Heißhunger. In der stationären Therapie wird deshalb besonderer Wert darauf gelegt, daß die Patienten sich wieder an einen festen Mahlzeitenrhythmus gewöhnen.
Hinzu kommt die kontinuierliche Zunahme der Ein- und Zweipersonenhaushalte. Berufstätige Singles greifen zunehmend auf die in immer raffinierteren Varianten angebotenen Convenienceprodukte (Fertiggerichte und vorverarbeitete Lebensmittel)

zurück: Folie abziehen und den Drei-Kammer-Teller in die Mikrowelle schieben, fertig. Andererseits steht das »tolle Essen zu Hause« in der Genußskala der Bundesbürger an vierter Stelle, gleich hinter Urlaub, Liebe und Sexualität und der Beschäftigung mit der Familie. Der überwiegende Teil der Deutschen betrachtet sich als Genießer, für den zum guten Essen auch die angenehme Atmosphäre und die richtige Gesellschaft gehört. Sein Eßgenuß definiert sich mehr über das Wie als über das Was. Ob Fertigkost, Fast Food, Fitneß- und gesunde Kost oder Champagner, Hummer & Co. – die Trends und Möglichkeiten, sich zu ernähren, sind vielfältig wie nie zuvor, und die meisten Menschen mischen mehrere Varianten. Nur wenige lassen sich streng auf einen Ernährungsstil festlegen. Das Sprichwort: »Was der Bauer nicht kennt, ißt er nicht«, hat mittlerweile viel von seiner Gültigkeit eingebüßt. Ausprobieren ist chic. Stilfragen werden immer wichtiger. Eßkultur wird nach außen hin demonstriert, und der Zugang zur Haute Cuisine wird zum Ausweis kultivierter Lebensart. Essen wird dabei zunehmend zum Gegenstand der Mode.

Mehr als eine Modeerscheinung ist das Phänomen Fast Food. Von den einen geliebt, von den anderen verdammt, ist es heute aus den Städten nicht mehr wegzudenken. Dabei ist auch Fast Food vielfältiger geworden und längst nicht mehr auf die Angebote der mächtigen Hamburgerketten beschränkt. Fast Food, dazu gehören auch die edlen Schlemmerecken in Kaufhäusern und Einkaufspassagen, vegetarische Imbisse oder die Snacks, die inzwischen von vielen Bäckereien und Metzgereien angeboten werden. Fast Food ist alles, was innerhalb weniger Minuten fertiggestellt wird und ohne großen Aufwand verzehrt werden kann. Das Angebot ist meist standardisiert und die Atmosphäre sehr funktional. Das Nahrungsangebot beschränkt sich nicht auf die klassischen Essenszeiten, das heißt, man kann essen, wenn man Hunger hat. Weniger der Geschmack der Produkte als vielmehr die unkomplizierte Atmosphäre, der Preis, die Art und

Weise des Essens und das ganze »Drumherum«, sind dann auch die Punkte, die etwa Jugendliche an den Hamburgerketten begeistern.
Nouvelle cuisine, Haute Cuisine, leichte Küche, klassische Küche, Vollwertküche, wer wollte sich da noch auskennen? Ernährungsfragen und immer neue Rezeptvorschläge haben inzwischen auch in den Medien einen wichtigen Platz eingenommen. Allen voran die Frauenzeitschriften, die eine schier unerschöpfliche Phantasie in Sachen Küche und Kochen an den Tag legen. Da wird nicht mehr gekocht, sondern gezaubert, nicht gegessen, sondern in verführerischen Düften und raffinierten Aromen geschwelgt – Essen als sinnliches Erlebnis mit Lustgewinn. Weniger sinnlich gestaltet sich dann die Schlankheitskur, denn die »überflüssigen Pfunde« muß frau sich wieder runterhungern. So gehen in den meisten Zeitschriften Rezept- und Diätvorschläge Hand in Hand. Das Frauenbild ist klar: Frau ist schön, schlank und verführerisch, gleichzeitig eine Expertin in der Küche.

Liebe geht durch den Magen

Wie sagte Martin Luther: »Das ist ein gemarterter Mann, des Weib nichts weiß von der Küchen. Es ist das erste Übel, woraus sehr viele folgen.«[16]
Frauen haben seit jeher ein besonders intensives und komplexes Verhältnis zur Nahrung. Das betrifft die Beschaffung und die Zubereitung von Lebensmitteln wie auch ihren Konsum. Eine »gute Küche« war nicht nur zu Martin Luthers Zeiten ein wichtiges Kriterium. Auch heute noch werden viele Frauen daran gemessen und messen sich selbst daran. Die Ernährung gehört in den meisten Gesellschaften in den Verantwortungsbereich der Frauen, und diese verbringen viel Zeit mit Ernährungsfragen; sie überlegen, was sie einkaufen sollen, planen Mahlzeiten, berücksichtigen die Vorlieben der einzelnen Familienmitglieder, ko-

chen... Um ihren Kindern und Männern ihre Liebe und Fürsorge zu zeigen, ist für Frauen das Füttern traditionell das naheliegendste Mittel.
Für viele Frauen ist ihre Kochkunst nach wie vor die Quelle, aus der sie Bestätigung und Zuwendung erfahren. Der Partner lobt sie zärtlich für ihr raffiniertes Menu, die Kinderaugen leuchten beim Anblick des Lieblingsgerichts. Ein Blick in die Werbung zeigt, wie die treusorgende Gattin und Mutter auch heute noch sein soll: Mit einer duftenden Suppe vertreibt sie die beruflichen Sorgen des Mannes, und die italienische Pasta macht die Hausfrau erst richtig begehrenswert. Auch für die Kinder gibt es nur das Beste, etwa den Orangensaft mit den meisten Vitaminen und die Schokolade mit der Milch drin. Und die Männer? Die rufen die Gattin vom Büro aus an, mit der freudigen Überraschung: »Du Liebling, ich bring meinen Chef mit zum Essen.« Oder sie umgarnen die Frau mit »der längsten Praline der Welt«. Am Herd jedenfalls sieht man sie eher selten. Interessant ist aber auch das Bild der jungen Karrierefrau, deren Kolleginnen bewundernd anerkennen, daß sie jeden Abend schlemmen kann und trotzdem schlank bleibt. Der Trick liegt, glaubt man der Werbung, in einem kalorienreduzierten Fertigmenu, der Trick in der Realität liegt immer öfter beim Erbrechen.

Diner à deux

Auch das Liebesmahl ist Thema der Werbung, wenn es auch älter ist als das 20. Jahrhundert. Schon in Badestuben, in Nebenzimmern von Wirtshäusern oder im berühmten Chambre separée verbinden sich Tisch und Bett. Über das gemeinsame Essen kommen sich Mann und Frau näher. Bestimmte Speisen galten und gelten zum Teil noch heute als luststeigernd wie etwa Zwiebeln, Sellerie, Lauch und Eier, später auch Artischocken, Austern, Trüffel und Spargel. Das Restaurant oder die Kneipe als

Treffpunkt für das erste Rendezvous sind immer noch in. Die Wirkungen des Essens auf die emotionale Verfassung bewußt und ganz gezielt zu nutzen, hat die Menschheit vermutlich früh gelernt. Genuß und Sättigung dämpfen Aggressionen, machen freundlicher und aufgeschlossener, und das nicht nur in der Liebe. Auch sachlich schwierige und emotional belastende Fragen erörtert man zweckmäßig beim (Geschäfts-)Essen. Die positive Wirkung auf die Auftragslage ist gewissermaßen offiziell anerkannt, denn sogar das Finanzamt rechnet die Kosten für Arbeitsessen als absetzbaren Aufwand an.

Essen als Erziehungsmittel?

Die Verhaltenswissenschaft geht davon aus, daß die ursprüngliche Motivation zur Nahrungsaufnahme beim Neugeborenen durch die intensiven Körpergefühle des Hungers und der Sättigung reguliert wird. Für Babys ist Nahrung gleich Liebe. Das Stillen vermittelt Sicherheit und Wohlbefinden, und in den frühen Lebensjahren spielt keine andere vitale Funktion eine so zentrale Rolle im Gefühlsleben des Menschen wie das Essen. Mit dem Abstillen beginnt ein sozio-kultureller Lernprozeß, dessen Bedeutung mit der des Spracherwerbs vergleichbar ist.

Bereits im frühen Mutter-Kind-Verhältnis werden grundlegende emotionale Erfahrungen mit der Nahrungsaufnahme in Verbindung gebracht. Wenn die Mutter etwa auf Weinen und Schreien des Kindes immer mit Füttern oder Stillen reagiert, kann es sein, daß diese Kinder nie lernen, zwischen Hungergefühlen und anderen Emotionen zu unterscheiden, und so alle negativen Gefühle als Hunger interpretieren und entsprechend reagieren. Dieses »Abspeisen« des Kindes wird für die Entwicklung von streßbedingtem Essen und Kummerspeck mitverantwortlich gemacht.

Immer wieder wird Essen auch als Erziehungsmethode einge-

setzt. Essen gilt als Belohnung und Geschenk, etwa die Tafel Schokolade, wenn die Oma zu Besuch kommt, der Lutscher, weil man beim Arzt brav war und nicht geweint hat, oder der Hamburger als Preis für eine gute Note. Essen kann auch Trost sein, wenn man sich ungeliebt und ausgeschlossen fühlt. Essen kann Strafe sein, wenn man ohne Nachtisch ins Bett geschickt wird oder gar kein Abendessen bekommt, weil man »böse« war. Wenn solche Erziehungsmethoden auf die Spitze getrieben werden, kann das nachhaltige Folgen haben. Kinder empfinden Nahrungsentzug oft als grausame Strafe, und viele Eßgestörte erinnern sich in diesem Zusammenhang an traumatische Erlebnisse in ihrer Kindheit. Angela etwa erzählt: »Ich erinnere mich an ein Mittagessen, bei dem es Feldsalat gab. Ich kaute darauf herum, und es wurde und wurde nicht weniger. Dann ließ ich ihn stehen. Am Abend habe ich mich furchtbar erschrocken, als ich sah, daß mein Rest Feldsalat vom Mittag an meinem Platz stand. Ich aß ihn nicht. Am nächsten Morgen bekam ich ihn wieder vorgesetzt und mittags wieder.«
Durch Arbeit, Schule und andere Aktivitäten, die sich außer Haus abspielen, sehen sich die Familienmitglieder heute seltener als früher. Dem gemeinsamen Essen als Gelegenheit, zu der sich alle treffen, wird deshalb oft eine große Bedeutung beigemessen. Das Essen wird auch hier verstanden als kommunikative Situation, bei der sich die Familie austauscht und miteinander spricht. In Familien aber, in denen die Kommunikation nicht funktioniert, kann die Stimmung beim Essen explodieren. Eine Magersüchtige erinnert sich: »Die gemeinsamen Mahlzeiten waren immer eine Qual. Mein Stiefvater schaffte es immer wieder, mich mit bissigen und gemeinen Bemerkungen so weit zu bringen, daß ich heulend aufstand und in mein Zimmer lief, ohne fertig gegessen zu haben.« Hier wird Essen zum Machtkampf. Wenn aber der Eßtisch zum Schlachtfeld wird, beginnt oft ein Kampf auf Leben und Tod.

Bis auf die Knochen

Die Verweigerung von Essen als Machtmittel hat Geschichte. Beispiele für Hungerstreiks und Fastenaktionen als Mittel politischer Einflußnahme gibt es zuhauf. Die Angst vor dem Verhungern ist eine so menschliche Reaktion, daß freiwilliges Hungern immer Beachtung findet und Neugierde oder sogar Bewunderung weckt. Ein Beispiel aus Franz Kafkas Erzählung »Der Hungerkünstler« (1924):

»Damals beschäftigte sich die ganze Stadt mit dem Hungerkünstler; von Hungertag zu Hungertag stieg die Teilnahme; jeder wollte den Hungerkünstler zumindest einmal täglich sehen; an den späteren Tagen gab es Abonnenten, welche tagelang vor dem kleinen Gitterkäfig saßen; auch in der Nacht fanden Besichtigungen statt, zur Erhöhung der Wirkung bei Fackelschein; an schönen Tagen wurde der Käfig ins Freie getragen, und nun waren es besonders die Kinder, denen der Hungerkünstler gezeigt wurde; während es für die Erwachsenen oft nur ein Spaß war, ... sahen die Kinder staunend, mit offenem Mund, der Sicherheit halber einander bei der Hand haltend, zu, wie er bleich, im schwarzen Trikot, mit mächtig vortretenden Rippen auf hingestreutem Stroh saß.«[17]

Der Verzicht auf bestimmte Nahrungsmittel oder die vollständige Enthaltung hat auch eine religiöse Tradition. Alle Weltreligionen kennen das rituelle Fasten. Aus christlicher Sicht dient es »der Abtötung des natürlichen Triebes nach Speise und Trank zum Zwecke der Vervollkommnung oder treuen Pflichterfüllung.«[18] Die katholische Kirche verordnete früher zwischen 135 und 145 Fastentage pro Jahr. Im Mittelalter war es an diesen Tagen verboten, Fleisch, Milch, Butter, Schmalz, Eier und Wein zu sich zu nehmen. Im Laufe der Geschichte wurden die Fastentermine weniger und die Speisenverbote gemildert. Heute gelten als offizielle christliche Fastentage nur noch der Karfreitag und der Aschermittwoch. Andere religiös motivierte Tabus verbieten grundsätzlich den Verzehr heiliger Tiere (die indische Kuh) und unreiner Tiere (Schweine in islamischen Ländern). Üblich ist nach wie vor auch die Opfergabe von Tieren und Pflanzen.

Kalorie für Kalorie – gezügeltes Eßverhalten

Der Wecker klingelt. Lisa steht auf. Ihr erster Gang führt sie wie an jedem Morgen auf die Waage. Zum Frühstück ißt sie eine Scheibe Knäckebrot mit ein bißchen Magerquark. Dazu trinkt sie schwarzen Tee ohne Zucker. Mittags ißt sie am liebsten Salat. Abends dann kocht sie meist etwas für sich und ihren Mann. Leichte Küche mit wenig Fett. Süßes verkneift sie sich. Lisa achtet darauf, daß sie nicht mehr als 1600 Kalorien am Tag zu sich nimmt. Sie weiß mittlerweile schon ziemlich genau, wie viele Kalorien die einzelnen Lebensmittel haben, die sie ißt, und so funktioniert die Kontrolle recht gut.
Lisa ist kein Einzelfall. Ihr Eßverhalten liegt im Trend: Die Wissenschaft bezeichnet es als »gezügeltes Eßverhalten«. Mit Maßhalten oder ein bißchen Disziplin hat das nichts mehr zu tun, gezügeltes Essen bedeutet, »die Nahrungsaufnahme über einen langdauernden Zeitraum einzuschränken, um an Gewicht abzunehmen oder zumindest nicht zuzunehmen«.[19] Dabei wird genau darauf geachtet, welche Lebensmittel man zu sich nimmt und wieviel jeweils davon gegessen wird. Gezügeltes Eßverhalten ist ein in den normalen Lebensrhythmus integriertes alltägliches Diäthalten oder zeigt sich im wiederholten Durchführen von Schlankheitskuren. Allerdings gelingt es auch den gezügelten Essern nicht, sich immer und bei jeder Gelegenheit zu kontrollieren. Sie bekommen Heißhungeranfälle und Lust gerade auf die Dinge, die sie sich sonst versagen, und die Gefahr, daß der gezügelte Esser sich gierig überfrißt, ist größer als bei »normalen« Essern. Danach kommt die Reue und, immer häufiger, das Erbrechen.

Wird uns das Essen zur Qual? Ist der Überfluß eine Krankheitsursache? Fest steht, daß der Überfluß dieses Verhalten, erst gierig zu essen und dann zu erbrechen, überhaupt erst möglich macht. Fest steht auch, daß das Eßverhalten gesellschaftlich geprägt wird und daß Eßstörungen Symptome sind für tieferliegende Probleme und Ängste. Gezügeltes Essen ist zweifellos Ausdruck einer Diätmanie, die seit Jahren vor allem die Frauen verpflichtet, dem herrschenden Schönheitsideal zu genügen. Der Schlankheits- und Diätenwahn verhindert oft, daß wir die »neue Eßkultur« genießen können, die der Ernährungswissenschaftler Michael Hamm so beschreibt: »Ernährung soll mich zufrieden machen. Wir verbinden Essen und Trinken mit Genuß und Entspannung, mit Kommunikation und Interaktion, mit Festen und Feiern.«[20]

Teil 3
Die Therapie

Eine ganze Palette von Therapiemöglichkeiten steht heute den Eßgestörten zur Verfügung. Grundsätzlich unterscheidet man dabei zwischen ambulanter und stationärer Therapie. Daneben gibt es noch unterschiedliche Selbsthilfeorganisationen, die Unterstützung anbieten. Dabei werden meist verschiedene Behandlungsmethoden miteinander kombiniert. Bei Eßgestörten, die noch mit ihrer Familie leben, hat sich die Familientherapie bewährt. Der familientherapeutische Zugang ist jedoch von der Mitarbeit und der Motivation wichtiger Familienmitglieder abhängig und natürlich auch davon, wie weit die Wohnung vom Therapeuten entfernt liegt. In entscheidender Weise gehört der Vater zu dem wichtigen Personenkreis. Läßt er sich nicht zur Kooperation gewinnen, erscheint eine Einzeltherapie eher angezeigt.

Heute werden häufig die Vorteile der Einzeltherapie mit den Vorteilen der Familientherapie kombiniert. An manchen Sitzungen nehmen die Eltern und Geschwister teil, ansonsten werden Einzelstunden abgehalten.

Besondere Schwierigkeiten bei der Therapie magersüchtiger Patientinnen bereitet ihre fehlende Einsicht und das mangelnde Gefühl, überhaupt krank zu sein. Dies wiederum ist in den Ursachen der Krankheit selbst begründet. Zum Vergleich: Wer etwa mit einem gebrochenen Arm ins Krankenhaus kommt, hat entsetzliche Schmerzen. Der Arm wird fachmännisch behandelt, ein Heilungsprozeß eingeleitet. Magersüchtige empfinden es jedoch als Zumutung und Übergriff, wenn sie gedrängt werden, einen Arzt zu konsultieren. Sie nehmen die Auszehrung ihres Körpers nicht wahr. Die Autonomie über ihren Körper, dem scheinbar einzigen selbstbestimmten Bereich, wollen sie sich unbedingt erhalten.

Traditionelle Behandlungsansätze, die auf die Mitarbeit der Patientin bauen, scheitern deshalb oft schon zu Beginn der Behandlung oder lassen sie erst gar nicht zustandekommen. Allerdings bemühen sich Ärzte, Therapeuten und Sozialarbeiter, das

Phänomen Eßstörung immer differenzierter zu erfassen und darauf in angemessener Weise zu reagieren.
Viele Ärzte, die Eßgestörte behandeln, halten es für einen wesentlichen Bestandteil der Therapie, daß die Kontinuität der Psychotherapie durch einen nahtlosen Übergang von einer stationären zur ambulanten Behandlung wenn irgend möglich ohne Therapeutenwechsel erfolgt.
Diesen Ansatz verfolgen die Mediziner im Max-Planck-Institut in München in ihrer ambulanten Tagesklinik. Dort kommen die Patientinnen morgens zur Therapie und gehen am Abend wieder nach Hause. Falls Patientinnen stationär aufgenommen werden müssen, werden sie zunächst auf diesen Aufenthalt gründlich vorbereitet. Der sonst oft erlebte Schock wird so vermieden. Nach dem Krankenhausaufenthalt werden die Patientinnen weiterhin in Gruppen- und/oder Einzeltherapie betreut.
Mittlerweile gibt es schon viele Ansätze, die versuchen, den erkrankten Menschen ganzheitlich zu sehen. Auf medikamentöse Behandlung will man weitgehend verzichten. Neben der verhaltenstherapeutischen, der analytischen und der tiefenpsychologisch orientierten Therapie, die weitgehend von den Kassen bezahlt werden, gibt es Gesprächstherapien und Entspannungstherapien wie autogenes Training, konzentrative Bewegungstherapie, Bioenergetik, Feldenkrais oder Tanztherapie. Aber auch Gestaltungs-, Mal- und Musiktherapie sind feste Bestandteile im Programm zur Gesundung der Patientin. Manchmal bietet es sich geradezu an, zunächst über die Musiktherapie den Körper und seine Sprache wieder neu kennenzulernen. Natürlich befaßt sich fast immer ein Teilbereich der Therapie auch mit Ernährung und Diät.
Es würde den Rahmen dieses Buches sprengen, wollten wir alle möglichen therapeutischen Mittel aufzeigen. Wir stellen daher exemplarisch verschiedene Kliniken mit ihren therapeutischen Konzepten vor, und außerdem lassen wir zwei Einzeltherapeutinnen zu Wort kommen. Nicht selten ist eine Selbsthilfegruppe

die erste Anlaufstelle für Eßgestörte. Wir stellen drei von ihnen vor, die jederzeit gerne Auskunft darüber geben, wo in Ihrer Nähe eine ähnliche Organisation arbeitet, und die auch Adressenlisten verschiedener Einrichtungen und Therapeuten zusenden können.
Im letzten Kapitel verweisen wir, stellvertretend für viele, auf einige ausgewählte Möglichkeiten bewußter Körperarbeit, die nicht nur Eßgestörte aufgreifen können, sondern alle, die einen besseren Zugang zu ihrem Körper erlangen wollen. Wir stellen Ernährungsberatung, Feldenkrais, Bauchtanz und Flamenco vor, um Wege aufzuzeigen, wie der Körper den Geist neu einstimmen kann.

»Jeder hilft sich selbst und dadurch den andern«

Selbsthilfeorganisationen

Selbsthilfegruppen, die sich mit Eßproblemen beschäftigen, sind für viele Eßgestörte und auch für deren Eltern die erste Anlaufstelle. Dort können Sie anrufen, ohne sofort Ihre Identität preisgeben zu müssen. Ein Gespräch mit einem Menschen, der sich bei diesem speziellen Problem auskennt, kann zunächst erleichternd sein und Betroffene ermutigen, mit ihrem Leiden aus der Anonymität herauszutreten. Aus diesem Grund kommt gerade Selbsthilfegruppen, auch wenn sie oft unter schwierigen finanziellen Bedingungen arbeiten und zahlreiche ehrenamtliche Mitarbeiter haben, eine bedeutende Rolle im Kampf gegen Magersucht und Bulimie zu.

Die Selbsthilfeorganisation *ANAD*

Was verbirgt sich hinter der Abkürzung *ANAD*? *ANAD* ist eine Organisation, die Magersüchtigen, Eß-/Brechsüchtigen und deren Angehörigen konkrete Hilfe anbietet. Der Name stammt aus dem Amerikanischen und ist die Abkürzung für *National Association of Anorexia Nervosa and Associated Disorders*. Inzwischen gibt es sechzehn *ANAD*-Organisationen in der Bundesrepublik.

Barbara Schindler, selbst Mutter eines ehemals magersüchtigen Sohnes, fand während eines Aufenthaltes in Amerika bei diesem Verein Hilfe und Unterstützung. Durch *ANAD* und einen geeigneten Therapeuten wurde ihr Sohn schließlich gesund. Wieder in Deutschland, wollte sie besonders betroffenen Eltern helfen und gründete 1984 die erste *ANAD*-Gruppe in München. Mitten in Schwabing mietete sie sich im März 1985 einen großen Raum, Beratungsstelle und Gruppenraum in einem. Um Miete und Telefonkosten zu finanzieren, eröffnete sie dort gleichzeitig einen Secondhandladen. Schon bald verkaufte sie dort von Betroffenen angefertigten Schmuck und Kleidung. Das Geschäft hat sich gut bewährt. Der Laden erleichtert einigen Patientinnen den Einstieg in die Selbsthilfegruppe. Völlig unverbindlich kramen Mädchen hier nach Schnäppchen und knüpfen nebenbei ein Gespräch an. Daraus entwickeln sich oft intensive Beratungen. Wer direkten Rat sucht, kann ihn ebenfalls in Anspruch nehmen. Auch an Wochenenden treffen sich hier Selbsthilfegruppen.

Neben der im Laden anfallenden Arbeit geschieht bei *ANAD* vieles am Telefon: Anfragen nach Informationsmaterial, nach Selbsthilfegruppen und Adressen von Therapeuten und Fachkliniken. Mittlerweile gibt es sechzehn *ANAD*-Anlaufstellen in der Bundesrepublik. Für Betroffene ist der Anruf bei *ANAD* oft der erste Schritt aus der Heimlichkeit ihrer Krankheit. Die Anonymität eines Telefongesprächs erweist sich immer wieder als günstiges Mittel, um Eßgestörten zu helfen, aus ihrer Isolation herauszutreten.

Auch heute noch kostet ein Erstgespräch nur zehn Mark. Deshalb ist der Verein auf Spenden angewiesen. Er wird unter anderem von der Stadt München unterstützt. Was Barbara Schindler alleine begann, ist heute eine Organisation mit Profis und ehrenamtlichen Mitarbeitern. Vorstand ist ein Diplompsychologe. Zwei Psychotherapeutinnen und meist noch zwei Praktikantinnen aus der Sozialpädagogik mit Therapieausbildung arbeiten ebenfalls bei *ANAD*.

Ratsuchende können Einzel- oder Familientherapiestunden erhalten. Häufig besteht die Hilfe aus einer Mischung von beidem. Der erste Schritt während einer Behandlung bei *ANAD* ist, Strukturen in der Familie zu erkennen und nötigenfalls auch zu verändern. Nur wenn die Strukturen klar sind, wenn zum Bei-

spiel die Mutter aufhört, die engste Vertraute, die Freundin ihrer Tochter werden zu wollen, kann eine Heilung in Gang kommen. *ANAD* gibt keiner bestimmten Therapie den Vorzug. Ansätze von Verhaltenstherapie werden mit Systemtherapie und struktureller Therapie verknüpft. Was sich bewährt, wird beibehalten. Alle zwei Monate gibt die Organisation einen »Newsletter« heraus, der neben aktueller Information Erfahrungsberichte und Anregungen von und für Gruppen enthält.
Zusätzlich werden abends offene Gruppenstunden angeboten. Da gibt es zum Beispiel eine Gruppe, in der Mädchen und Jungen miteinander unter der Leitung einer Psychotherapeutin über ihre Krankheit, ihre Fortschritte und Rückschritte reden. »Wenn ich wieder abgenommen habe, gehe ich einfach nicht in die Gruppe. Dann schäme ich mich zu sehr vor den anderen wegen meines Rückfalls. Doch ich versuche, bis zum nächsten Treffen wenigstens wieder ein wenig zuzunehmen. So hilft mir die Gruppe manchmal indirekt«, sagt Christine, eine Magersüchtige.
Familiengruppen finden ebenfalls abends statt. Eltern kommen mit ihren betroffenen Kindern und stellen fest, daß in anderen Familien ähnliche Diskussionen geführt werden wie bei ihnen zu Hause. Allein das ist schon eine gewisse Hilfe. Sie haben weniger Schuldgefühle und können im Kreis der anderen offener mit ihren Kindern reden. Für die Jugendlichen gilt das ebenso. Betreut wird die Gruppe von einer Gruppenleiterin und zwei Psychotherapeutinnen.

ANAD hat sieben sogenannte »Steps« (Stufen) ausgearbeitet, um den Weg aus der Magersucht oder Bulimie unterstützend zu begleiten. An den Gruppenabenden beschäftigen sich die Teilnehmerinnen im wesentlichen mit diesen Punkten. Jedesmal werden kleine Ziele entwickelt, die jeder einzelne erreichen kann. Die Teilnehmerinnen werden ermuntert, selbst aktiv mitzuwirken und Verpflichtungen einzugehen. Dabei ist die Reihenfolge, in der die einzelnen Punkte an den Abenden zur Sprache kommen, nicht festgelegt; es geht also nicht darum, einen Punkt nach dem anderen abzuhaken. Die »Steps« sind lediglich für die Basisarbeit entwickelt worden. Aktuelles hat immer Vorrang. Die sieben »Steps« zielen vor allem darauf ab, die Krankheit zu verstehen und sich Wissen zur Veränderung anzueignen:

1. Uns selbst einzugestehen, daß wir Eßstörungen haben. (Die Betroffenen sollen erkennen, daß etwas mit ihrem Eßverhalten nicht in Ordnung ist.)
2. Einzusehen, daß Essen und Gewicht nicht die eigentlichen Ursachen sind, sondern daß tieferliegende Probleme zu unserer Abhängigkeit von Nahrung, Essen und Gewicht geführt haben. (Bei diesem Punkt wird über das Selbstwertgefühl und über die Beziehungen zu Freunden gesprochen.)
3. Sich ernsthaft zu bemühen, die tieferliegenden Ursachen unserer Eßstörungen zu ergründen. (Vertiefung von Punkt zwei. Unter anderem geht es auch darum, die Welt nicht mehr nur in Schwarz und Weiß aufzuteilen.)
4. Zuzugeben, daß Hungern und Erbrechen keine gesunde oder befriedigende Lösung für unsere Probleme sind. (Nachdem die eigentlichen Ursachen umkreist, möglicherweise erkannt wurden, können nun neue Strategien erlernt werden, um andere Wege aus den immer wieder auftauchenden Schwierigkeiten zu suchen.)
5. Die Verantwortung für uns selbst zu übernehmen und bessere Strategien zu entwickeln, um Schwierigkeiten zu meistern. (Die Eigenverantwortlichkeit rückt in den Mittelpunkt.)
6. Zu erkennen, daß wir nicht allein mit unserem Problem kämpfen. Wir können die Unterstützung und geistige Stärke der anderen annehmen. (Probleme werden in die Gruppe getragen.)
7. Uns eigene kleine Ziele zu setzen, um unsere selbstzerstörerischen Einstellungen und Verhaltensweisen zu ändern. Bemühen wir uns ernsthaft darum, sie zu erreichen. (Kleine Ziele könnten sein, nein zu sagen oder etwas zu tun, was einem selbst Spaß macht und nicht anderen.)

Ein Gruppenabend bei ANAD

Bei den abendlichen Gruppensitzungen kommen völlig unterschiedliche Familien zusammen. Eines jedoch haben sie alle gemeinsam: eine Tochter oder einen Sohn, die oder der das ganz eigene Problem der gesamten Familie in Form einer Eßstörung ständig sichtbar macht.

In einem geschlossenen Kreis, Stuhl an Stuhl, sitzen Eltern mit ihren Kindern. In dieser Gruppe sind nur Mädchen, dreizehn bis 23 Jahre alt. Doch alle Betroffenen tragen den Einheitslook: Jeans und darüber einen weiten, schlabbrigen, konturlosen Pulli. Die zarten Figuren darin kann man höchstens erahnen. Der Körper bleibt versteckt. Er wird nicht preisgegeben.

Manche dieser Familien nehmen einen Anfahrtsweg von über zwei Stunden in Kauf. »Mein Vater hat von *ANAD* in der Zeitung gelesen. So sind wir hier gelandet«, sagt Andrea. Mindestens die Hälfte der Familien haben schon andere Therapien versucht, offensichtlich erfolglos.

Die Gruppenleiterin wendet sich an jeden einzelnen und fragt, wie es ihm heute geht und ob er Probleme hat, die er ansprechen möchte. Manche sagen, daß es ihnen gutgeht. Vielleicht stimmt es. Vielleicht aber fehlt ihnen noch der Mut, von sich zu reden.

Silke (18 Jahre) ist sauer. Sie findet, daß ihre Eltern viel zu oft ihre Eßgewohnheiten kommentieren. Besonders nervt sie ihre Mutter: »Ich esse kein Weißmehl, keinen Zucker und kein Brot. Wenn meine Mutter mich dann so komisch anguckt, regt mich das schon wieder auf. Dann würde ich am liebsten gar nichts essen. Aber ich will nicht wieder in diesen schrecklichen Kreislauf hineinrutschen: essen, hungern, hungern, essen… und schließlich endet das bei Abführmitteln.«

Da kann die Mutter nicht länger an sich halten: »Aber das ist nicht richtig, daß du dich nur von Obst und Gemüse ernährst. Du mußt doch auch Kohlenhydrate zu dir nehmen.«

Die Tochter kontert, daß das wohl ihre Sache sei. Die Gruppenleiterin wirft einen prüfenden Blick in ein kleines Buch. Dort ist

das genaue Gewicht der Mädchen eingetragen. Bei jedem Treffen haben sie sich verpflichtet, sich von *ANAD*-Betreuern wiegen zu lassen. Manche Mädchen möchten ihr Gewicht erst gar nicht wissen. Wenn es runtergeht, werden sie angehalten, besser darauf zu achten. Silke hat ihr Gewicht gehalten. Deshalb plädiert die Gruppenleiterin dafür abzuwarten.
Auseinandersetzungen in der Gruppe sind hart. Die Gruppe fängt einen manchmal auf, aber die meisten sind auch sehr verletzlich. Silkes Mutter kämpft mit aufsteigenden Tränen. Das sieht die Leiterin sofort und fragt, warum sie nun so traurig sei. »Ja, immer wird alles falsch ausgelegt, immer bin ich böse. Das macht mich unendlich traurig«, schluchzt sie und tupft mit einem Taschentuch die Tränen aus den Augenwinkeln.
Der Kampf zwischen Müttern und Töchtern ist anstrengend. Immer wieder sind es die Mütter, die während der Sitzung angegriffen werden. Väter haben offensichtlich eine etwas reserviertere Haltung. Oft ist die Tochter ein »Papakind« und weiß die beiden Elternteile sehr geschickt gegeneinander auszuspielen. Doch hier in der Gruppe können Streitereien gewagt und geübt werden, wie sie zu Hause wohl nicht möglich sind.
Manche Töchter lehnen sich nur indirekt auf. So wie Lena. Sie erzählt, daß sie nach der Schule am liebsten sofort hinauf in ihr Zimmer geht. Danach gefragt, antwortet sie, daß ihre Mutter immer so langweilig und blöd daherrede. Doch Genaueres kann sie nicht sagen. Die Gruppenleiterin schlägt vor, daß beide in der nächsten Woche etwas Gemeinsames unternehmen, etwas, was Lena besonders gern macht. Mutter und Tochter einigen sich auf einen Stadtbummel.
Auffällig ist, daß in vielen Familien das Körpergewicht eine große Rolle spielt. Claudia (14 Jahre): »Meine Mutter fühlt sich zu dick. Wenn sie vor dem Spiegel steht, wird sie wütend. Das läßt sie an mir aus.« Claudia ist stolz darauf, daß sie sich beherrschen kann. Sie wiegt gerade mal 42 Kilo bei einer Größe von 1,67 Metern. Wenigstens in diesem Punkt fühlt sie sich ih-

rer Mutter überlegen, die es nicht schafft, das Naschen aufzugeben. Franziska muß sich gegen die Anschuldigungen ihrer Mutter, einer eher rundlichen Krankenschwester, wehren. Weil sie »vom Fach« ist, meint die Mutter zu wissen, wieviel ein Mädchen wiegen muß bei einer Größe von einem Meter siebzig. Von der Gruppenleiterin fordert sie Unterstützung im Kampf um das Gewicht ihrer Tochter. Doch die ist ganz anderer Meinung. Die Mutter soll lieber alle Tabellen vergessen und daran denken, daß es so eine Art »Wohlfühlgewicht« gibt. Und das habe doch die Tochter erreicht mit ihren 55 Kilogramm. »Fülligere Mütter wünschen sich eben molligere Töchter«, meint sie abschließend.

In der Gruppenrunde kann Franziska die Sicherheit gewinnen, daß ihr Gewicht ganz in Ordnung ist. Gerade bei dieser Familie fällt auf, daß die Mutter oft für die Tochter antwortet, als wisse sie schon im voraus, was ihr Kind sagen wird. Die Gruppenleiterin bittet die Eltern, etwas mehr darauf zu achten und auch ihrer Tochter das Wort zu lassen.

Schwierig wird das Gespräch mit der sechzehnjährigen Julia. Sie ist Bulimikerin. »Mir geht es gut«, blockt sie Fragen ab. Der Vater möchte wissen, ob man mit einer Untersuchung nachweisen kann, daß seine Tochter Abführmittel nimmt. Der Tip der Leiterin ist eine Blutuntersuchung. Julia ißt wie ein Schwerarbeiter, doch ihr Gewicht bleibt normal. »Ich habe halt Durchfall, einfach so«, argumentiert sie.

»Das gibt es nicht«, sagt die Leiterin bestimmt.

Daraufhin räumt Julia ein, Leinsamen zu essen, »weil der so lecker knuspert.« Nüsse oder andere Nahrungsmittel, die knackig aber auch kalorienreicher sind, schmecken ihr nicht. Endlich ist das leidige Thema Abführmittel vorbei, und Julia atmet auf. Sofort macht sie sich über den Ärger mit ihrer Mutter Luft. »Ständig kontrolliert sie hinter mir her. Sie guckt, ob ich wieder das frisch eingekaufte Brot gegessen habe oder spioniert mir auf dem Klo nach. Als ob ich andauernd fressen und kotzen

würde.« Julia ist offenbar noch nicht bereit, ihr Eßverhalten in der Gruppe ehrlich zuzugeben und darzustellen.
Ricarda (21 Jahre), ebenfalls Bulimikerin, ist dagegen völlig verzweifelt. Sie kann nicht studieren, weil sie immer wieder von Freßattacken überfallen wird. Sie gibt zu, sich etwa zweimal die Woche zu erbrechen. Sie spricht von Selbstmordgedanken, die sie aber, kaum ausgesprochen, wieder zurücknehmen will.
»Was soll ich tun?« Zusammen mit ihrem Vater, (die Mutter lebt woanders) hat sie sich überlegt, in eine Klinik zu gehen. Das wird durchdiskutiert. Ist es sinnvoll oder nicht? Rita, die schlechte Klinikerfahrungen gemacht hat, rät ihr ab (siehe Seite 179 f.). Schließlich einigt man sich auf einen Klinikaufenthalt im Rhönklinikum Neustadt/Saale. Ricarda sieht darin einen Hoffnungsschimmer, vielleicht sogar die Lösung ihres Problems.
Heute ist auch eine Neue gekommen. Ganz schmal und durchsichtig sieht sie aus. Forsch blickt sie in die Runde und sagt: »Ich finde mich ganz okay und fühle mich sehr wohl, so wie ich jetzt bin.«
Die anderen betrachten sie, und Silke platzt spontan heraus: »Du siehst spindeldürr aus, so wie viele von uns, als sie zum erstenmal herkamen.« Reihum wird zustimmend genickt. Salopp sagt die Leiterin: »Zwei Jahre rein in die Krankheit, zwei Jahre raus aus der Krankheit.« Hanna (15 Jahre) lacht ungläubig. Sie steht noch ganz am Anfang ihres mühsamen Weges.

ANAD
Anorexia – Bulimia Nervosa e.V.
Ungererstr. 32
80802 München
Tel.: 089/333877

Sprechzeiten: Mo-Fr 10–18 Uhr
Newsletter Abo: DM 20,00/Jahr incl. Porto
ANAD Steps: DM 13,00 incl. Porto
Kosten: Spendenbasis

Aktionskreis Eß- und Magersucht *Cinderella* e. V.

»Wir alle fingen mit einer Art Euphorie an: Jede empfand es als Befreiung, in einem Kreis von Frauen mit den gleichen oder doch vergleichbaren Problemen offen über ihre Eßstörungen reden zu können, sich nicht mehr verstecken zu müssen, endlich verständnisvolle Zuhörer für das ›langgehütete Geheimnis‹ zu haben.«

Eine Erfahrung, die für viele steht und die die Funktion einer Selbsthilfegruppe treffend beschreibt. Der Münchner *Aktionskreis Cinderella* wurde von Anfang an als reiner Selbsthilfeverein gegründet. Ein Modell, das in den USA bereits Schule gemacht hatte und spätestens seit dem *Anti-Diätbuch* von Susie Orbach auch für den Bereich der Eßstörungen als erfolgreiche Maßnahme bekannt wurde. Im Bereich der psychosozialen Versorgung haben die Selbsthilfegruppen eine »stille Revolution« eingeleitet und ihre therapeutische Wirksamkeit vielfach bewiesen. Die Grundidee der Selbsthilfe ist: »Jede/r hilft sich selbst und hilft dadurch den anderen, sich zu helfen.« Anlaß für die Gründung von *Cinderella* war eine Analyse der Universitätsnervenklinik München, die die Verbreitung von Eßstörungen in der Bundesrepublik untersuchte. Im Rahmen des Projektes hatte das Untersuchungsteam eine Fragebogenaktion vor allem in Frauenzeitschriften durchgeführt. Das Ergebnis machte den Handlungsbedarf deutlich: Viele tausend betroffene Frauen suchten Hilfe und wußten nicht, wohin sie sich wenden sollten. Kurz darauf, im Jahr 1984, wurde *Cinderella* gegründet.

Der Selbsthilfeverein hat heute vor allem zwei Aufgaben: Ein Schwerpunkt der Arbeit liegt auf der Beratung. Telefonisch und in persönlichen Gesprächen versucht *Cinderella*, Betroffenen zu helfen. Ingrid Mieck, Psychologin und festangestellte Halbtagskraft beim *Aktionskreis Cinderella* erklärt: »Das wichtigste ist, zunächst einmal auszuloten, was für die Betroffene in diesem Moment der richtige Schritt sein könnte. Wir können die Teilnahme an einer Selbsthilfegruppe organisieren oder Adressen von Therapeuten und Kliniken vermitteln. In jedem Fall gehen wir grundsätzlich davon aus, daß es für den einzelnen wichtig ist, überhaupt etwas zu tun.«

Zu *Cinderella* können alle kommen, Magersüchtige, Bulimikerinnen und Eßsüchtige. Das Alter der Gruppenteilnehmerinnen liegt zwischen zwanzig und vierzig Jahren, wobei die Zwanzig- bis Dreißigjährigen am stärksten vertreten sind. Auch ratlose Angehörige, Freunde oder Kollegen von Betroffenen wenden sich verstärkt an *Cinderella*, um zu erfahren, wie sie helfen können. Informationen suchen hier auch Lehrer, Krankenkassen, Krankenhäuser und andere Institutionen, die in irgendeiner Form mit Eßstörungen konfrontiert sind. Den betroffenen Frauen bietet *Cinderella* die Teilnahme an einer Selbsthilfegruppe an.

Die Gruppe

»Wenn mir unter der Woche irgend etwas passiert, ich etwas erlebe, dann denke ich oft, das muß ich meinen Mädels erzählen.« Die Gruppe lacht, als Monika erzählt, wie sie auch im Alltag an »ihre Mädels« denkt. Die Gruppe hat für alle hier einen wichtigen Platz in ihrem Leben eingenommen. Was steht für sie an erster Stelle?

»Die Gruppe gibt dir das Gefühl, mit deinem Problem nicht allein zu sein«, sagt eine, und die anderen stimmen ihr zu. Sabine erzählt, wie erstaunt sie war, als sie bei *Cinderella* begriff, wie groß die Zahl der Frauen ist, die sich mit Eßstörungen herumquälen. Viele haben in der Gruppe zum erstenmal offen über ihr Problem sprechen können. In der Gruppe muß sich keine verstecken, denn die anderen haben mit gleichen oder vergleichbaren Problemen zu kämpfen.

Anders draußen, im Alltag. »Da muß man den meisten überhaupt erst einmal erklären, was das ist: eine Eßstörung. Die meisten wissen damit überhaupt nichts anzufangen und haben dann oft ziemlich eigenartige Vorstellungen«, beschreibt Susanne ihre Erfahrungen. Das Gefühl hingegen, in der Gruppe »die gleiche Sprache« zu sprechen, gibt Mut und hilft den jungen Frauen und Mädchen, sich mit ihrer Krankheit auseinanderzusetzen. Zusammen werden immer wiederkehrende aktuelle Probleme besprochen und neue Verhaltensweisen entwickelt. Die Gruppe spornt an, sie motiviert und kontrolliert. Monika etwa erzählt: »Manchmal denke ich, so, jetzt geht's mir gut. Jetzt brauche ich das alles nicht mehr. Ich bin über 'n Berg. Draußen glauben sie mir das vielleicht, aber der Gruppe kann ich viel erzählen, wie gut es mir geht, die lachen mich nur aus. Die wissen genau, wie das ist, wenn man sich etwas vormacht und sich in die eigene Tasche lügt.«

Die Gruppe hakt nach und gibt Halt. Das Zusammengehörigkeitsgefühl der Gruppe entwickelt sich aus dem gegenseitigen Vertrauen und ist für die Arbeit miteinander langfristig unbedingt notwendig. Dazu gehören auch die Regelmäßigkeit der Gruppentreffen und die stillschweigende Übereinkunft, daß dieser Termin verbindlich ist und man zumindest absagt, wenn man einmal wirklich nicht teilnehmen kann. »Die Gruppe fühlt sich am wohlsten, wenn sich alle verbindlich darauf einlassen«, erklärt Susanne, »nur so kann man sich wirklich vertrauen. Es wirkt sich auf die ganze Gruppe negativ aus, wenn jemand einfach wegbleibt und nicht mehr kommt.« Das ist nicht die Regel, aber es kommt vor, wenn sich Frauen von der Gruppe überfordert fühlen. Um sich gegenseitig auch außerhalb der Gruppe zu unterstützen, bilden viele eine Art Netzwerk: Die Teilnehmerinnen einer Gruppe tauschen untereinander die Telefonnummern aus und rufen sich in Krisensituationen gegenseitig an. Auch Freizeitangebote gibt es immer wieder, ein Badmintonkurs etwa oder ein Tanzkurs, der von einer Tanztherapeutin geleitet wird.

Cinderella arbeitet mit sogenannten »geschlossenen Gruppen«. Das heißt, wenn sich eine Gruppe einmal gebildet hat, dann kommt ohne ihr Einverständnis niemand mehr von außen hinzu.

Erst wenn sie es will, werden zusätzlich Frauen in eine bereits bestehende Gruppe aufgenommen. Meist sind es fünf bis acht Frauen in einer Gruppe, mindestens aber drei. Männergruppen sind prinzipiell möglich, kamen aber bislang nie zustande. Gemischte Gruppen, etwa mit einem Mann in einer Frauengruppe, gibt es bei *Cinderella* nicht, denn die Erfahrungen, die damit gemacht wurden, sprechen eher dagegen. »Eine gemischte Gruppe halb Männer, halb Frauen, hatten wir noch nicht. Das müßte man einfach einmal probieren«, meint Ingrid Mieck.
Die Gruppe trifft alle ihre Entscheidungen selbst. Sie gestaltet selbst die Struktur und den Ablauf eines Gruppentreffens. Wenn sich eine Gruppe neu bildet, ist es hilfreich, für die ersten fünf oder sechs Treffen eine »Gruppenanleitung« hinzuzuziehen. Die Gruppenanleiterinnen sind in der Regel Psychologinnen, die die Frauen beraten, wie sie einen Gruppenabend sinnvoll gestalten können. Sie geben Tips für Gesprächsthemen und den Gesprächsablauf oder planen gemeinsam mit den Teilnehmerinnen ein Rollenspiel. Nach dieser Anfangsphase bestimmen die Frauen selbst, wann und in welchen Abständen sie sich mit der Anleiterin treffen wollen.
Natürlich müssen sich die Gruppen alle erst einspielen. Anna erinnert sich: »Es wurden verschiedene Vorschläge zur Strukturierung der einzelnen Sitzungen gemacht. So wurde zum Beispiel jeweils ein Schwerpunktthema vereinbart, über das diskutiert werden sollte. Allerdings haben wir ein solches starres Schema nicht durchgehalten und dann doch wieder über Aktuelles geredet.« Ein Vorgang, den auch Ingrid Mieck aus ihrer Erfahrung bestätigt: »Die Gruppen sind oft voll damit ausgelastet, über ihre aktuellen Probleme zu sprechen.«
Die Lebensdauer der einzelnen Gruppen ist unterschiedlich. Manche treffen sich einige Jahre lang, andere lösen sich früher auf. Ausschlaggebend ist auch hier die Entscheidung der Gruppe. Erfahrungsgemäß gehen die Teilnehmerinnen meistens auseinander, wenn sie ihr Problem gelöst haben.

Selbsthilfe und Therapie

»Ich sehe die Selbsthilfegruppe als einen ersten Schritt, als Chance. Hier kann man den Mut fassen, das Thema anzupacken. Und dann kann man sich überlegen, ob man eine Therapie machen will.« – »Die Selbsthilfegruppe allein reichte mir nicht. Das Problem war größer, als ich am Anfang dachte.« – »Für mich ist die Selbsthilfegruppe eine Ergänzung zur Therapie.« – »Nach der stationären Behandlung ist die Selbsthilfegruppe für mich sehr wichtig, damit ich weitermachen, am Thema dranbleiben kann.«

Das Verhältnis von Selbsthilfegruppe und Therapie ist individuell verschieden. Einig sind sich die *Cinderella*-Frauen darin, daß die Selbsthilfegruppe ein erster Schritt ist, um sich aus dem Teufelskreis der Eßstörungen zu befreien. Es ist ein erster Schritt, sich mit dem Problem auseinanderzusetzen; und es ist ein Schritt, der vielen sehr viel leichter fällt, als bei einem Therapeuten anzurufen. Susanne erinnert sich, daß für sie »eine Therapie am Anfang zuviel war. Erst als ich im Laufe der Zeit gemerkt habe, daß ich es allein nicht schaffe, habe ich mich für die Therapie entschieden.« Und Sabine: »Ein Therapeut, das ist ja nicht wie zum Zahnarzt zu gehen. Du mußt dich überwinden, um überhaupt erst einmal anzurufen. Dann rufst du endlich an, sagst: ›Ich habe Bulimie, würden Sie mich nehmen?‹ Und dann hat er keinen Termin frei. Ich habe ein paar angerufen, ohne Erfolg. Da war mein Mut dahin, und ich habe beschlossen, daß ich das allein hinkriege.«

Viele brauchen die Zeit in der Gruppe, um sich mit ihrem Problem überhaupt erst einmal vertraut zu machen. Tanja erklärt es so: »Das ist ein Prozeß. Man muß sich erst einmal klar darüber werden, sich eingestehen: Ich habe eine Eßstörung.«

Positive Erfahrungen, die andere Gruppenteilnehmerinnen mit einer Therapie gemacht haben, motivieren oft auch die anfänglichen Skeptiker. Die Erkenntnis: »Ich schaffe es nicht alleine, ich brauche die Hilfe eines Therapeuten«, kann durchaus ein Erfolg der Selbsthilfegruppe sein. Bei vielen laufen Selbsthilfegruppe und Therapie parallel, was von vielen Therapeuten gefördert wird, denn, so Ingrid Mieck: »Die Therapeuten empfehlen den Patientinnen oft, zusätzlich sich einer Selbsthilfegruppe anzuschließen, denn die Gruppe ist ein soziales Übungsfeld, wo beispielsweise veränderte Verhaltensweisen oder Problemlösungsstrategien ausprobiert werden können.«

Cinderella hat ein Verzeichnis ambulanter und stationärer Therapiemöglichkeiten und erfährt auch immer wieder von Therapeuten, die gerade Patientinnen aufnehmen. Die Wartezeiten bis zum Beginn einer Therapie können mit einer Selbsthilfegruppe überbrückt werden. Auch wenn es, was immer wieder vorkommt, Schwierigkeiten mit der Finanzierung der Therapie gibt, wie im Fall von Sabine: »Nach langem Ringen hatte ich mich für eine Therapie entschieden und auch einen Therapeuten gefunden. Dann aber teilte mir die Krankenkasse mit, daß sie die Kosten nicht genehmigt. Damit war für die Therapie kein Fundament da. Ich habe dann an alle möglichen Institutionen geschrieben und mir Adressen schicken lassen. Das Konzept von *Cinderella* hat mir am besten gefallen.«

Wer in eine Selbsthilfegruppe bei *Cinderella* einsteigen will, braucht normalerweise nicht lange zu warten. Wenn bestehende Gruppen gerade niemanden aufnehmen möchten, so bilden sich bei den Kontakttreffen an jedem ersten Freitag im Monat neue Gruppen. Für manche ist die Selbsthilfegruppe ausreichend, sie brauchen keine zusätzliche Therapie. Ausschlaggebend dafür ist, wie lange die Eßstörung schon andauert. Oft ist die Selbsthilfegruppe auch der Rettungsanker nach einer stationären Therapie, die meist schneller beendet wird, als das Problem gelöst ist. So empfehlen viele Kliniken ihren Patientinnen, schon vor der Entlassung Kontakt mit einer Selbsthilfegruppe aufzunehmen, um dann im Alltag nicht plötzlich mit ihrem Problem allein zu sein.

Was bringt die Gruppe?
»In erster Linie, daß du dich mit deinem Problem nicht allein fühlst. Vielen Frauen hilft die Gruppe aus der sozialen Isolation heraus. Du kannst mit anderen darüber reden, die auch betroffen sind und dich verstehen. Durch den Umgang miteinander können in der Gruppe therapieähnliche Effekte auftreten, die bei den einzelnen Veränderungen auslösen. Das kann man nicht vorausplanen. Auf jeden Fall ist die Gruppe ein wichtiges Übungsfeld, wo die Betroffenen beispielsweise neue Verhaltensweisen ausprobieren können, die sie sich draußen noch nicht zutrauen. Da geht es um die eigene Aggressivität, darum, die eigene Meinung zu sagen und auch einmal auf ihr zu bestehen. Gerade deshalb ist auch das Vertrauen in einer geschlossenen Gruppe so wichtig.«
Ingrid Mieck ist überzeugt vom Erfolg der Selbsthilfegruppen und bedauert, daß es in der Bundesrepublik nur wenige Selbsthilfevereine gibt: »Das Problem wird noch nicht richtig ernst genommen. Zwar wird die Existenz von Eßstörungen anerkannt, jedoch werden sie meistens als korrigierbare Verhaltensfehler abgetan und nicht als ernst zu nehmende Krankheiten beurteilt. Noch immer wird die Eßstörung oft als zickiges Frauenverhalten gesehen.«
Um diesen Vorstellungen begegnen zu können, brauchen die Frauen mehr Selbstbewußtsein und Selbstsicherheit, was ihr Wesen und ihre Fähigkeiten betrifft. Susie Orbach beschreibt in ihrem *Anti-Diätbuch*, wie die Gruppe ihren Mitgliedern auch hier Hilfestellung bietet: »Ich meine damit, daß durch die Teilnahme an einer Gruppe, in der die Eßsucht als individuelle Eigenschaft von allen akzeptiert wird, alle über die reduzierte Vorstellung von sich als Eßsüchtige hinauskommen können. Wenn an eßsüchtigen Frauen oder dicken Frauen auch andere Eigenschaften außer dem Fett auffallen und du feststellst, daß das Dicksein solche Qualitäten wie Schönheit, Kreativität, Unternehmungslust und Einfühlsamkeit nicht ausschließt, dann

kannst du diese Eigenschaften auch bei dir entdecken.«[21] Eine wichtige Voraussetzung für den Erfolg einer Selbsthilfegruppe ist, daß die Erwartungen nicht zu hoch gesteckt werden. Probleme, die man seit langen Jahren mit sich herumträgt, lassen sich auch hier nicht in wenigen Wochen aus der Welt schaffen. Die Erfahrungen, die die Frauen für sich in einer Selbsthilfegruppe machen, sind individuell durchaus verschieden. Manche lernen, »Kontakte und Beziehungen« aufzubauen, »Verantwortung zu tragen« und damit umzugehen, »wenn mal etwas danebengeht«. Wesentlich ist für alle die Erfahrung, sich anderen mitteilen zu können, wenn sie das Bedürfnis danach haben, und gemeinsam in der Gruppe neue Problemlösungsstrategien zu entwickeln. Frauen, die nicht im Umkreis von München leben, erhalten bei *Cinderella* auf Anfrage Tips, wie sie selbst eine Selbsthilfegruppe aufbauen können.

Aktionskreis Eß- und Magersucht *Cinderella* e.V.
Westendstraße 35
80339 München
Telefon: 0 89/5 02 12 12

Sprechzeiten: Dienstag, Freitag: 16 bis 19 Uhr, Mittwoch: 10 bis 12 Uhr
Kontakttreffen: an jedem ersten Freitag eines Monats, 17 Uhr
Kosten: Jahresbeitrag 40 Mark (Schüler, Studenten, Arbeitslose), sonst 80 Mark; pro Gruppenabend 2 Mark, mit Gruppenanleitung plus 10 Mark (pro Teilnehmerin)

Dick & Dünn e.V.

Dick & Dünn, eine gemeinnützige Organisation, ist eine Beratungsstelle und ein Selbsthilfeprojekt, das in Berlin (West und Ost) arbeitet. Zwei weitere, kleinere Büros gibt es noch in Düsseldorf und in Nürnberg. Die Westberliner Selbsthilfeorganisation wurde 1985 gegründet. Finanzielle Unterstützung erhält sie durch die Senatsverwaltung für Gesundheit. Zur Zeit arbeiten in den Räumen am Innsbrucker Platz sieben Frauen mit unterschiedlicher beruflicher Qualifikation in Medizin, Psychologie, Pädagogik, Soziologie und Sozialarbeit. Die meisten von ihnen haben eine therapeutische Zusatzausbildung.

Schwerpunkte ihrer Arbeit sind Beratungen, das Anleiten von Selbsthilfegruppen, die enge Zusammenarbeit und der fachliche Austausch mit psychosomatischen Stationen und Kliniken sowie mit niedergelassenen Therapeutinnen und Ärztinnen. Daneben stehen Vorträge, Drehtermine für Filme über Eßstörungen, Interviews und die Teilnahme an Fachtagungen auf dem Programm. Weil immer mehr Schülerinnen Eßstörungen zeigen, gehen die Frauen von *Dick & Dünn* in die Schulen, um dort Aufklärungsarbeit zu leisten. Einige Aufgabenbereiche der Organisation im einzelnen:

Beratungen von Betroffenen

Weil Eßstörungen häufig schamvoll versteckt werden, fällt es vielen Betroffenen schwer, in die Praxis eines Arztes oder Therapeuten zu gehen, um sich dort Hilfe zu holen. Telefonische Beratungen bieten da – wie auch bei *ANAD* oder *Cinderella* – eine anonyme und unverbindliche Möglichkeit, sich über Angebote zu informieren und vielleicht einer geduldigen Zuhörerin die persönliche Problematik zu schildern.

Das Heraustreten aus der sozialen Isolation kann schon ein erster entscheidender Schritt zur Bewältigung des Eßproblems sein. Deshalb gibt es eine offene Gruppenberatung. Dort erzählen Eßgestörte über ihre Krankheit und ihre bisherigen Therapieversuche. Die Frauen von *Dick & Dünn* überlegen und beraten dann zusammen mit den Betroffenen über weitere Maßnahmen, etwa einen stationären Klinikaufenthalt oder eine ambulante Psychotherapie.

Familienberatung steht ebenfalls auf dem Programm. Geplant ist eine längerfristige Betreuung von Familien mit eßgestörten Kindern und Jugendlichen, denn immer noch gibt es zuwenig Anlaufstellen für die Betroffenen, während die Zahl der Eßgestörten ständig wächst.

Selbsthilfegruppen

Die Organisation gibt Anregungen für die Gründung von Selbsthilfegruppen. Für die ersten zehn Gruppentreffen bietet *Dick & Dünn* Anleitungen an, damit die Gruppe stabil wird und wirklich arbeitsfähig ist.

Mögliche Ziele der Selbsthilfegruppen *Dick & Dünn* sind:
- erhöhte Selbstakzeptanz
- veränderte Wahrnehmung von Hunger und Sättigung
- Korrektur des verzerrten Körperselbstbildes
- erhöhte Konfliktfähigkeit

Alle genannten Punkte wirken sich letztendlich auf das gestörte Eßverhalten aus.

»Ich habe mir meinen Panzer angefuttert. In der Selbsthilfegruppe fragte ich mich: ›Wozu brauche ich mein Fett?‹ Ich brauche mein Fett, um mich abgrenzen zu können. Ich kann so schwer nein sagen, gegenüber den Familienmitgliedern, im Beruf, aber auch mir selbst gegenüber. Gefühle wahrzunehmen ist heute für mich wichtig. Doch das mußte erst gelernt werden.« (Heike, 33 Jahre, naschsüchtig)

Darüber hinaus gibt es bei *Dick & Dünn* Angehörigengruppen, Schülerinnengruppen, Psychotherapiegruppen, Gruppen für Körperarbeit, Wochenendseminare für Eltern von eßgestörten Jugendlichen.

»Mit achtzehn Jahren wurde ich magersüchtig. Damals machte ich das Abi im Internat. Elf Jahre war diese Schule meine Heimat, meine Familie. Und plötzlich war da ein Loch. Ich begann mit Krafttraining und Schwimmen und tanzte die Nächte durch. Meine Mutter war hilflos. Mein Vater hatte uns verlassen. Irgendwann begann ich, Unmengen zu essen und wieder zu erbrechen. Zum Schluß brauchte ich gar keinen Finger mehr in den Hals zu stecken. Das Essen kam von allein hoch. Mein ganzes Geld verballerte ich fürs Essen. Etwa hundert Mark brauchte ich pro Freßanfall. Da mußte ich Schulden machen. Ich war völlig verschuldet, wußte nicht mehr weiter und wollte mich umbringen. Da überredete mich meine Mutter zu einem Klinikaufenthalt. Pro forma machte ich dort mit. Vier Monate war ich da drin. Danach war ziemlich schnell wieder alles beim alten. Erst in der Beratungsstelle *Dick & Dünn* habe ich in den letzten acht Jahren gelernt, mich abzugrenzen und mit dieser entsetzlichen Fresserei und Kotzerei aufzuhören.« (Mark, 29 Jahre, früher Bulimiker)

Professionellenberatung

Profis, die in ihrem Arbeitsfeld mit Eßgestörten zusammentreffen, werden ebenfalls von *Dick & Dünn* beraten. Das sind unter anderem Erzieher, Betreuer sozialtherapeutischer Wohngemeinschaften und Sozialarbeiter. Die Begegnung mit Eßgestörten löst bei anderen oftmals Gefühle der Hilflosigkeit, Wut oder des Nichtbeachtenwollens aus. Während in anderen Punkten wie Schlafenszeitregelungen oder Sexualität die Betreuer Jugendlicher klare Standpunkte beziehen, hat jede Betreuerin ihre eigenen Vorstellungen in bezug auf das Essen. Das sichere Gefühl für deren Richtigkeit beziehungsweise Angemessenheit fehlt jedoch.

In diesen Beratungsgesprächen geht es erst einmal darum, die eigenen Haltungen und Gefühle zu erkennen und dann den besonderen Fall näher zu klären und mögliche Hintergründe für das gestörte Eßverhalten aufzuzeigen. Die Erzieherin kann dann mit Blick auf den Lebenslauf der Betroffenen die Ersatzhandlungen, aber auch die identitätsbewahrende Bedeutung der Eßstörung sehen und verstehen. Deutlich wird, so meinen die Frauen von *Dick & Dünn*, daß eine Auseinandersetzung mit dem eigenen Eßverhalten stattgefunden haben muß, um gegenüber den Jugendlichen tolerant und verständnisvoll bleiben zu können.

Dick & Dünn e. V., Innsbrucker Straße 25, 10825 Berlin, Tel.: 030/8544994

Offene Gruppenberatungen: Di 10 Uhr, Mi 18 Uhr; für Schülerinnen und Schüler ab 14 Jahre Di 14 Uhr.
Beratungen für Männer: jeden 2. Samstag im Monat, 15 Uhr.
Beratungen für Eltern: jeden 2. Samstag im Monat, 16.30 Uhr.
Einzelberatungen können telefonisch vereinbart werden.
Kosten: Krankenkasse (teilweise)

Dick & Dünn e. V. Pankow, Florastraße 33, Aufgang 5, 13187 Berlin, Tel. 030/6071626

Büro Düsseldorf: 0211/397200
Büro Nürnberg: 0911/267575

»Eine Einstellung zu sich und den Dingen finden«

Ambulante Psychotherapie

Karin Maria Mensch, Psychotherapeutische Fachpraxis für Gewichts- und Eßstörungen

»Sie ziehen sich ihr schönstes Sommerkleid an. Spüren Sie das Material auf Ihrer Haut? Der Wind spielt mit Ihrem Haar. Von irgendwoher ertönt Musik…« So oder ähnlich klingt der Beginn einer Reise in die Phantasie mit Karin-Maria Mensch. Solche Phantasiereisen gehören zum ausgesprochen vielfältigen Therapieprogramm, mit dem die Spezialistin für Eßstörungen Magersüchtige, Bulimikerinnen und bulimische Übergewichtige behandelt. Ihre Spezialkenntnisse auf dem Gebiet der Eßstörungen erwarb sich Karin Mensch in den USA, wo sie zunächst als Co-Leiterin einer Selbsthilfegruppe arbeitete und später an der Erarbeitung eines Konzeptes für eine parallele ambulante und stationäre Behandlung von Eßstörungen mitgewirkt hat.

Theoretischer Überbau der psychotherapeutischen Behandlung von Karin Mensch ist die kognitive Verhaltenstherapie. Diese geht davon aus, daß jeder Werturteile bildet und daß diese Urteile, Meinungen und Einstellungen zu sich selbst, zur Umwelt und zu den Dingen unsere Gefühle und unser Verhalten beeinflussen. Gefühle, Denken und Verhalten bilden das kognitive Dreieck der Verhaltenstherapie. Dabei läßt eines auf das andere schließen, ist das eine durch das Erforschen des anderen aufspürbar.

Die erste Stunde

In der ersten Stunde berichtet die Betroffene zunächst über ihre Krankheitsgeschichte. Durch Nachfragen der Therapeutin, ob die Patientin Ideen hat, was die Auslöser für ihre Freßattacken sein könnten, wie sie darüber denkt und wie sie sich in einzelnen Situationen gefühlt hat, wird deutlich, ob sie sich bereits Gedanken über ihre Krankheit gemacht hat. In dieser Gesprächssituation werden der Patientin schon relativ schnell erste Zusammenhänge klar. In der ersten Stunde macht Karin Mensch die Patientin auch mit dem Prinzip der Verhaltenstherapie vertraut, die Grundlage der therapeutischen Arbeit ist: »Zuerst schauen wir uns in erster Linie einmal Ihr Verhalten an. Das Verhalten begründet sich immer auf der Ausprägung Ihrer Gefühle (Werthaltungen) und auf die dahinterliegenden Gedanken und Werthaltungen.« Sie zitiert Epictet: »Es sind nicht die Dinge an sich, die uns belasten, sondern unsere Einstellungen zu den Dingen.«

Das Handeln ist leicht beobachtbar und dies kann an die Patientin selbst delegiert werden. So bekommen die Patientinnen von Anfang an »Selbstbeobachtungsbogen«, auf denen sie ihr Eßverhalten protokollieren. Für jeden Tag notieren sie, um wieviel Uhr sie wo, mit wem und was gegessen haben. Wichtig sind die Fragen, ob wegen echten Hungers gegessen wurde und ob nach dem Essen ein Sättigungsgefühl spürbar war. Da das Erbrechen die meisten gesundheitsschädigenden Einflüsse hat, wird vorrangig daran gearbeitet, dies einzustellen. Wenn es gelingt, eine Freßattacke nicht durch Erbrechen oder Abführmittel zu beenden, steht der Patientin ein mit der Therapeutin ausgearbeitetes Belohnungssystem zur Verfügung. Manche schenken sich für jedes Mal Nichterbrechen eine Rose, die sie dann trocknen, andere stecken sich ein paar Münzen in ein Sparschwein. Bei der Beantwortung der Frage des »Selbstbeobachtungsbogens« entwickeln die Patientinnen ein Gespür für Zusammenhänge zwischen Handeln und Fühlen. Sie erkennen möglicherweise, daß meistens emotionale Gründe wie Streß oder Ärger den Eßanfall auslösen und selten ein wirkliches Hungergefühl. Die Selbstbeobachtung wird im Laufe der Therapie immer komplexer und bezieht Gedanken, Gefühle und Einstellungen der Patientin immer stärker mit ein.

Die Patientin füllt nach der ersten Therapiestunde zu Hause zwei Fragebogen aus, die wichtig für sie und den Ablauf der Therapie sind. Karin Mensch: »Dann kann ich mich von der ersten Stunde an darauf konzentrieren, eine gute Beziehung zwischen der Patientin und mir wachsen zu lassen, und ich bin gleichzeitig sicher, daß ich umfangreiche Informationen bekomme, die unter anderem für das Gutachten essentiell sind.« In einem »Lebensfragebogen« geht es um die Krankheitsgeschichte allgemein, um biografische Daten, aber auch um Fragen wie diese: »Wie schwer sehen Sie Ihre Probleme? Beschreiben Sie mit eigenen Worten die wichtigsten Probleme, wegen derer Sie zu mir kommen. Oder: Warum kommen Sie gerade jetzt? Die Frage: Welche Stellen haben Sie bisher um Informationen gebeten? zeigt dem Therapeuten an, wie hoch die Patientin motiviert ist, etwas gegen ihre Krankheit zu tun. Je höher die Motivation, desto besser läßt es sich arbeiten. Jugendliche hingegen, die von ihren Eltern geschickt werden, ohne selbst die geringste Krankheitseinsicht zu haben, sind fast nicht behandelbar. Aus den Antworten auf die Frage: Welche Gewinne erhoffen Sie sich von der Therapie?, kann Karin Mensch bereits erste Ziele der Therapie formulieren. Die Münchner Therapeutin ist überzeugt von der Wirkung dieses umfangreichen Fragenkatalogs: »Der Fragebogen ist schon ein Therapeutikum an sich, denn die Patientin muß sich zum erstenmal hinsetzen und über eine Reihe von Dingen ernsthaft nachdenken.«

Das hat auch die sechsundzwanzigjährige Marie so empfunden. Sie ist Bulimikerin und mit ihrer Therapie fast am Ende: »Beim Ausfüllen des Fragebogens kamen viele Kindheitserinnerungen hoch. Ich bekam eine richtige Wut und wußte, daß ich unbedingt etwas tun will. Nach dem Ausfüllen des Fragebogens hatte ich

auch das Gefühl, daß ich jetzt schon soviel erzählt habe, daß ich in der Therapie auch nichts mehr verheimlichen muß.«
Auch das Verhältnis zwischen Patientin und Therapeutin wird in diesem Fragebogen angesprochen, wenn es gleich am Anfang heißt: Wie fühlten Sie sich in der ersten Stunde? Dazu Karin Mensch: »Spontane gegenseitige Sympathie ist unbedingt notwendig für eine erfolgreiche Therapie. Nur wenn eine Patientin Vertrauen hat, können wir etwas erreichen. Schlecht für die Therapie ist einerseits ein übersteigertes Mißtrauen, nach dem Motto: Ich habe schon fünf ausprobiert, und es konnte mir niemand helfen!, andererseits aber auch eine übersteigerte Glorifizierung des Therapeuten und der Glaube an Wunderheilung. Marie kam nach zwei mißglückten Therapieversuchen zu Karin Mensch. Und diesmal hat es geklappt: »Karin Mensch ist wie eine Freundin für mich. Und dabei ist ihr die Gratwanderung zwischen Vertrauen und einer gewissen Distanz gut gelungen.«
Zur Therapiebereitschaft gehört nach Ansicht von Karin Mensch auch viel Mut, die Hintergründe der Eßstörung zu erforschen, anzusehen und zu spüren. Notwendig ist auch die intensive Mitarbeit der Patientin, die bereit sein muß, neue Verhaltensweisen auszuprobieren, Hausaufgaben zu erledigen oder in Büchern über ihre Krankheiten zu lesen (Bibliotherapie).
Meist sind Frauen, die in eine Therapie kommen, schon einen Schritt weiter als viele ihrer Leidensgenossinnen. Sie sind sich bereits im klaren darüber, daß sie krank sind, haben sich mit dem Thema auseinandergesetzt und häufig etwas darüber gelesen. Und trotzdem: Der zweite Fragebogen zur Krankengeschichte speziell kostet die meisten Patientinnen Überwindung. Hier geht es um das Diätverhalten, um die Entwicklungsgeschichte des Gewichts, um Heißhungerattacken, Erbrechen und um Fragen zur Sexualität.
Zwar liefern die Fragebogen viele nützliche Informationen für die Therapie, doch werden sie den Patientinnen nicht aufgezwungen. Karin Mensch erklärt: »Eßstörungen sind sehr indivi-

duell zu behandeln. Ich verfolge deshalb kein starres Konzept, sondern wähle aus einer Vielfalt therapeutischer Möglichkeiten das aus, was der Patientin in ihrer Situation am besten entspricht.« Dazu zählen durchaus auch hypnotische und analytische Ansätze. »Manchmal nutze ich die Trance, um zurückzugehen in traumatische Situationen der Kindheit. Dabei sieht sich die Patientin gleichzeitig in der Situation von damals, reagiert und antwortet aber mit der Macht und der Kraft von heute.« Und sie ergänzt: »Bei der Therapie von Eßstörungen ist die Eßstörung nur das vordergründige Symptom, dahinter verbergen sich Depressionen, Selbstwertprobleme, Selbstsicherheitsprobleme, traumatische Kindheitserlebnisse (oft genug Vergewaltigung oder Inzest) und Probleme mit der Weiblichkeit beziehungsweise Männlichkeit und der Sexualität. Deshalb ist es für mich sehr wichtig, mit vielen Methoden arbeiten zu können und damit je nach Patientin künstlerisch und flexibel umzugehen.« Das Gewicht spielt in ihrer Therapie eine eher untergeordnete Rolle. Nur wenn es aus gesundheitlichen Gründen bedenklich ist, wird es kontrolliert.

Eines ist noch zu erwähnen: Zwar sprechen wir hier meist von der Patient*in*, da bislang weitaus mehr Frauen von Eßstörungen betroffen waren. Das scheint sich jedoch zu ändern: Karin Mensch registriert seit 1992 eine Tendenzwende. Sie behandelt derzeit so viele Männer wie noch nie: »Und dabei stelle ich fest, daß das Krankheitsbild bei den bulimischen Männern oft sehr viel aggressiver ist als bei den Frauen. Männer erbrechen oft vier-, fünf- bis neunmal am Tag. Bei manchen ist der Brechreiz schon so abgenutzt, daß sie sich einen Kleiderbügel in den Hals stecken.« Männer sind, so die Erfahrung der Münchner Therapeutin, sehr viel schwerer zu behandeln als Frauen, »weil sie wenig Zugang zu ihren Gefühlen haben und den Zusammenhang denken – fühlen – handeln nur schwer herstellen können.« Männer sind deshalb meistens länger in Behandlung als Frauen. Bei rund achtzig Therapiestunden liegt das Maximum, das die

Kunsttherapie: Sich selbst als Tier darstellen. Zeichnung: Kathrin Seyfahrt

Kassen genehmigen. Einige wenige Frauen kommen mit Kurzzeittherapien von zwanzig bis dreißig Stunden aus, im Normalfall rechnet Karin Mensch mit 45 bis sechzig Sitzungen. Auch hier gilt: Je früher die Therapie beginnt, desto besser. Eine Einzelsitzung dauert fünfzig Minuten. Nach fünf Probesitzungen erstellt der jeweilige Therapeut ein Gutachten, das die Krankenkassen dann genehmigen müssen. Ein wunder Punkt im System, denn, so kritisiert Karin Mensch: »Das läuft durch zehn verschiedene Instanzen und dauert oft zwei bis drei Monate, bis die Genehmigung kommt. Während dieser Zeit schwebt man im luftleeren Raum, und die Patientin müßte theoretisch das Risiko tragen, für die in der Zwischenzeit angefallenen Kosten selbst aufzukommen.«

Soziales Training in der Gruppe

Parallel zur Einzeltherapie bietet Karin Mensch auch Gruppensitzungen an. Frauen, die schon einige Einzelsitzungen hinter sich haben, treffen sich zwölfmal in den eher themenbezogenen Gruppen. Da geht es um soziales Training, um Selbstbewußtsein und Durchsetzungsvermögen, aber auch um Ernährung, Mode, Probleme in Partnerschaft und Beziehung sowie um Sexualität. In einer Ernährungsberatung informiert Karin Mensch über die Zusammensetzung von Lebensmitteln, über Vitamine und Nährstoffe und ausgewogene Ernährung. Mode erleben die Frauen vielleicht bei einem gemeinsamen Einkaufsbummel, wobei jede einmal ganz verschiedene Kleidung anprobiert und verschiedene Richtungen ausprobiert. Dabei geht es darum herauszufinden: Wie kleide ich mich günstig? Wie fühle ich mich in einem engen Pullover oder in einem kurzen Rock? Habe ich den Mut zu einer roten Jacke? Wie will ich aussehen, wie sehe ich mich?

Solche Fragen spielen auch bei den bereits erwähnten Phantasiereisen eine Rolle. Wichtig für die Phantasiereisen ist, daß alle Sensorien angesprochen werden: Es soll gefühlt, gerochen, gesehen, gehört und geschmeckt werden. Dazu Karin Mensch: »Sensitivitätstraining ist ganz wichtig für alle Eßgestörten, auch für die Übergewichtigen, denn die Sensorien sind bei allen abgetötet und müssen wieder erweckt werden.«

Während dieser Phantasiereise dreht jede Frau in einer Phase der Tiefenentspannung ihren eigenen Film. »Es ist wichtig, daß die Patientin sich sehen kann, wie sie aussieht, wie sie sein will, wenn sie ihr Ziel erreicht hat. Dann entwickelt man motivierende Ziel-Energien«, erklärt die Psychotherapeutin.

Sensitivitätstraining heißt auch: Früchte mit verbundenen Augen abtasten und erraten oder geschmolzene Schokolade aus den Handflächen schlecken. Essen als Lust und nicht als Frust erleben.

Die Gruppe mit jeweils höchstens acht Frauen sucht sich ihre

Themen nach Vorschlägen der Therapeutin selber aus. Aus den Sitzungen heraus entwickeln sie auch Anregungen für Hausaufgaben, die die Frauen bis zum nächsten Treffen machen. In der darauffolgenden Stunde wird dann über die Ergebnisse berichtet, wird nachgefragt, ob man das Ziel erreicht hat, das man sich gesteckt hat. Die Frauen gehen gerne in die Gruppe, sie brauchen den Austausch miteinander, der so im Alltag mit Nicht-Betroffenen unmöglich ist. Sie brauchen das Gefühl, mit ihrem Problem nicht allein zu sein.

Karin Mensch leitet die Gruppe meist zusammen mit einer Co-Therapeutin, einer Psychologie-Studentin. Beide sehen ihre Aufgabe darin, zu informieren und die Sitzung zu moderieren, darauf zu achten, »daß es nicht aus dem Ruder läuft«. Es ist wichtig zu erkennen, wie die Gruppenmitglieder reagieren, ob sie betroffen sind, sich schlecht fühlen oder gar nichts sagen. »Wichtig ist, daß keine nach Hause geht und es ihr nicht gutgeht und ich Angst um sie haben muß«, erklärt Karin Mensch.

Eine Sitzung dauert etwa eineinhalb Stunden. Nach dem zweiten oder dritten Treffen aber bleibt man auch einmal vier bis fünf Stunden zusammen, denn dann ist meistens soviel in Bewegung geraten und aufzuarbeiten, daß eine gute Stunde nicht ausreicht. Karin Mensch überlegt sich die Zusammensetzung der Gruppe gut, denn von der richtigen Mischung hängt es ab, ob sich die Frauen wohlfühlen und die Gruppe erfolgreich ist. Oft entwikkeln sich aus den Gruppen heraus richtige Freundschaften. Für die Frauen eine gute Möglichkeit, einen Weg aus ihrer sozialen Isolation zu finden.

Die Gruppe sieht Karin Mensch als Ergänzung zur Einzeltherapie, sie steht normalerweise nicht alleine. Die Gruppenteilnehmerinnen hatten vor Beginn der Gruppe rund zwanzig Einzelsitzungen, machen während der Gruppe und danach mit Einzeltherapie weiter. Nur in dringenden Notfällen, wenn sehr viele Anfragen kommen, macht sie sich ein Kurzbild von den Betroffenen und bildet eine Gruppe, um so die Wartezeit bis zur Einzeltherapie zu verkürzen. Fast ein Jahr muß man derzeit bei der Münchner Therapeutin auf einen Termin für die Einzeltherapie warten. Eine Zeit, die man im übrigen auch mit einer Selbsthilfegruppe überbrücken kann (zum Beispiel *ANAD*, *Dick & Dünn* oder *Cinderella*).

Die Klinik als Ergänzung

Seit vier Jahren hat sich Karin Mensch für ihre Therapie eine weitere Option geschaffen. In Anlehnung an die guten Erfahrungen, die sie in den USA mit einer parallel laufenden ambulanten und stationären Behandlung gemacht hat, arbeitet sie mit der medizinischen Privatklinik Dr. Schindlbeck in Herrsching am Ammersee zusammen. Dort kann sie für eine gewisse Zeit zwei bis vier Patientinnen unterbringen, die von einem behandelnden Arzt, etwa dem Hausarzt, in das Krankenhaus eingewiesen werden müssen. Der Aufenthalt in der Klinik ist unterschiedlich lang, von drei Wochen bis zu vier Monaten. Karin Mensch achtet darauf, daß möglichst nie eine eßgestörte Frau alleine in der Klinik ist und daß die Patientinnen miteinander harmonieren.

Der stationäre Aufenthalt ermöglicht es, die Frauen aus einem akut krankmachenden Umfeld herauszuholen. Karin Mensch: »Wenn das Umfeld schwierig ist, sich die Störung akut verschlimmert, sich die Symptome steigern und kein Behandlungsausweis vorliegt, dann kann die Einweisung in eine Klinik das richtige Mittel sein. Und für manche, die ihre Krankheit verleugnen, ist das Krankenhaus ein heilsamer Schock.«

Die Ärzte kümmern sich um die Patientin in Absprache mit der Psychotherapeutin. Diätassistentinnen schulen in Sachen Ernährung und stellen zusammen mit der Patientin jeden Abend das angstfreie Menü für den nächsten Tag zusammen. Es wird mit einem niedrigen Kalorien-Verbrauch begonnen, der dann langsam gesteigert wird, um die Angst vor den Kalorien langsam abzubauen und deren Mythisierung aufzulösen. Viele Eßgestörte haben seit Jahren nicht mehr regelmäßig über den Tag verteilt gegessen und in dieser Zeit entsetzliche Ängste vor dem Essen entwickelt. Es hat sich gezeigt, daß diese Ängste in der geschützten und Vertrauen gebenden Atmosphäre der Klinik und mit Hilfe der professionellen Beratung durch Diätassistentinnen eher abgebaut werden können. Die Krankengymnastinnen der Klinik machen mit den eßgestörten Frauen eine spezifische Körperarbeit, unter anderem vor einem großen Spiegel, um die Körperschemastörungen, die immer zur Eßstörung gehören, zu korrigieren.

Ansonsten passiert in der Klinik außer einem gründlichen Check-up eigentlich nicht viel. Die Betroffenen sollen lernen, mit sich allein zu sein. Das Ausschalten der alltäglichen Streßfaktoren während eines Krankenhausaufenthaltes fördert die notwendige Besinnung auf sich selbst. Die Psychotherapeutin verordnet »lange Spaziergänge mit einem Tagebuch unter dem Arm«. Die Patientinnen sollen sich Zeit nehmen, gründlich etwa über den Sinn und den Nutzen ihrer Eßstörung nachzudenken. Zwei- bis dreimal pro Woche kommen die Patientinnen dann in die ambulante Einzeltherapie. Karin Mensch hat mit dem Klinikaufenthalt gute Erfahrungen gesammelt und beurteilt ihn auch dann als hilfreich, wenn es in einer ambulanten Einzeltherapie nicht gelingt, das Erbrechen beziehungsweise das Eßverhalten zu verändern.

Jetzt fühle ich mich okay

Wann ist die Therapie beendet? Karin Mensch: »Aus dem anfänglichen Fragebogen und den Informationen der ersten Sitzungen ergeben sich die Grundprobleme der Patientin, etwa in Beruf, Partnerschaft, Selbstbild, Fremdbild, Eßverhalten, Gewicht. Das, was sich am ehesten verändert, ist das Eßverhalten. Das Erbrechen kann und muß relativ schnell bewältigt werden. Aber dann haben wir die Freßattacken beziehungsweise das gestörte Eßverhalten noch nicht bewältigt und noch nicht die Hintergründe dieses Verhaltens aufgedeckt oder Problemlösungsstrategien für vorhandene Probleme entwickelt. Erst wenn das erreicht ist und wir gemeinsam den Eindruck haben, ›ich fühle mich okay‹ mit meinem Aussehen, meinem Körper, und wenn sich das widerspiegelt in der Partnerschaft, im Beruf, in den sozialen Beziehungen überhaupt, dann empfehle ich zunächst längere Pausen, und dann beenden wir die Therapie.« Auch die beiden Fragebogen vom Beginn der Therapie werden noch einmal ausgefüllt und verglichen. Das Ende kommt also nicht abrupt. Man kann die letzten Stunden auch etwas strecken. Marie zum Beispiel hat noch sechs Therapiestunden übrig. Sie macht derzeit eine Pause, will etwas abwarten und die restlichen Stunden später nehmen. Außerdem kann man nach dem Ende der Therapie hin und wieder auch private Stunden nehmen. Karin Mensch hat oft noch nach Jahren Kontakt mit ehemaligen Patientinnen, die sie bei schwierigen Entscheidungen immer wieder einmal um Rat fragen. Die Therapeutin wird dann ein wenig zur Lebensberaterin.

Psychotherapeutische Fachpraxis für Gewichts- und Eßstörungen, Dipl. Psych. Karin-Maria Mensch, Prälat-Zistl-Straße 4, 80331 München, Tel. 089/2605291

Telefonsprechzeiten: Dienstag, Donnerstag 9 bis 13 Uhr
Kosten: Krankenkasse

Gespräch mit der Psychotherapeutin Ulrike Schmölz

Frage: Was ist für Sie bei einer Therapie wichtig?
Ulrike Schmölz: Das Wichtigste an einer Therapie ist, daß Vertrauen zwischen dem Therapeuten und der Patientin gebildet werden kann. Vertrauen kann nur gebildet werden, wenn ich mich auf mein Gegenüber einlasse, mich frage, was in der Person vorgeht. In den ersten fünf probatorischen Stunden, während der Anamnese, kann sich diese Basis entwickeln.

Wichtig ist für mich, den Patientinnen allmählich die Eigenverantwortung für die Therapie in die Hand zu geben. Es ist *ihre* Therapie. Nach der ersten Therapiephase von circa dreißig Stunden schlage ich den Patientinnen oft vor, längere Zeiträume zwischen den therapeutischen Sitzungen verstreichen zu lassen, damit sie sehen, wie sie das in der Theorie Erarbeitete in ihren Alltag integrieren. Passieren dann Rückfälle – und das geschieht oft – so ist das nicht weiter tragisch, sondern man arbeitet neu an dem Problem. Das Drama des Rückfalls kann so in Ruhe entzerrt oder entkräftet werden.

Ich lasse häufig Protokolle über Eßanfälle führen. Die Patientin schreibt auf, warum der Anfall kam, welche Gefühle sie dabei beziehungsweise vorher hatte und wie ihre körperlichen und emotionalen Reaktionen waren. Nach vermehrten Rückfällen setze ich oft einen Vertrag mit der Patientin auf, um den Teufelskreis Eßanfälle/Erbrechen zu durchbrechen. Ich frage sie, wie lange sie es sich selbst zutrauen würde, nicht mehr zu erbrechen. Es muß ein kleiner, überschaubarer Zeitraum sein. Manchmal stellt sich eine der Patientinnen zum Beispiel ein Frühstück zusammen, von dem sie meint, daß sie es nicht erbrechen muß. Alles andere kann sie so handhaben, wie sie will. So gehen wir gemeinsam Schritt für Schritt weiter.

Überhaupt ist es wichtig, kleine, konkrete Schritte zu definieren, sowohl das Eßverhalten als auch andere Problembereiche wie Abgrenzung, Selbstwertgefühl, Körperwahrnehmung betreffend. Eine Therapie dauert deshalb bei mir etwa zwei bis drei Jahre. Aus meiner Sicht ist es wichtig, die Realität »durchzukauen«, um diese Konkretisierung, aber auch die emotionale Beteiligung zu klären. Für Bulimikerinnen ist es besonders schwer, negative Situationen und Konflikte auszuhalten. Ihre Welt soll eine wunderschön gestaltete und funktionierende sein. Die Werbung lebt es ja vor: lauter wunderschöne Menschen in tollen Beziehungen und mit allen Attributen, die in unserer Gesellschaft etwas zählen.

Eine andere Aufgabe ist es, den magersüchtigen jungen Frauen zu vermitteln, daß erwachsen zu sein und Verantwortung zu übernehmen auch schön und spannend sein kann und viele Möglichkeiten eröffnet. Gerade bei magersüchtigen Frauen zeigt sich oft ein absolut kindliches Verhalten. Vielleicht hat die junge Frau Schwierigkeiten mit der weiblichen Identität oder sie hat den inneren Wunsch, »versorgt« zu werden. Diese Angst vor der Welt der Erwachsenen sollte in einer psychotherapeutischen Behandlung reduziert werden können.
Frage: Wo beginnen Sie bei Ihrer therapeutischen Arbeit?
Ulrike Schmölz: In aller Regel fange ich dort an zu arbeiten, wo der Leidensdruck am größten ist, auch wenn er zunächst vordergründig scheint. Wenn also die Patientin sagt, daß sie in ihrem Beruf Schwierigkeiten hat, dann analysieren wir diesen Bereich. Wichtig ist, daß die Patientin Sicherheit bekommt, ein stärkeres Selbstwertgefühl entwickelt. Gewisse Veränderungen kann man nur realisieren, wenn man sich sicher fühlt.
Es ist egal, im Sinne von pars pro toto, ob Autoritätskonflikte im Elternhaus oder im Arbeitsbereich angeschaut werden. Einerseits versuchen ja eßgestörte Frauen, sich optimal ans Elternhaus anzupassen, und andererseits, sich übers Essen abzugrenzen. Genau der gleiche Mechanismus kann bei anderen Autoritätspersonen auch auftreten, zum Beispiel beim Chef. Auftretende Konflikte werden über das Essen oder Nichtessen abreagiert, denn andere Strategien sind eher weniger ausgebildet.
Frage: Wie werden neue Strategien erlernt?
Ulrike Schmölz: Ich hatte eine Bulimikerin, die nach einem Suizidversuch zu mir geschickt wurde. Schon zweimal hatte sie die Lehre abgebrochen. Bei ihrer dritten Lehrstelle hatte sie ebenfalls große Schwierigkeiten. Sie konnte ihre Fragen und Wünsche den Vorgesetzten gegenüber nicht artikulieren und machte außerdem Fehler. Das hing natürlich auch mit dem Essen zusammen. Den ganzen Tag hungerte sie, abends wurde sie von Eßanfällen überwältigt. Die Hälfte der Therapiezeit sprachen wir nur

über die Arbeit. Sie erzählte jede Kleinigkeit aus dem Büro, gab Gespräche ausführlich wieder. Ich versuchte, ihr den Rücken zu stärken. So konnte sie mit der Zeit der Chefsekretärin beziehungsweise dem Vorgesetzten gegenüber ihre Anliegen artikulieren und Konflikte austragen. Zur Vorbereitung auf die »Auseinandersetzung« wurde in der Therapie die Situation vorwegnehmend ausführlich besprochen. Dabei entwickelte sich ein gutes Selbstvertrauen. Sie schloß die Lehre gut ab, und ihr entstandenes Selbstwertgefühl wirkte sich auch auf andere Bereiche aus: Ihren Eltern gegenüber wurde sie selbstbewußter und konkreter und mußte sich nicht mehr übers Essen abgrenzen. Die Symptomatik, das Essen und Erbrechen, wurde rückläufig, obwohl wir zunächst gar nicht so genau darüber sprachen.

Frage: Welche Probleme treten auf, wenn Eltern ihre Töchter in die Praxis schicken?

Ulrike Schmölz: Wenn Eltern ihr Kind schicken, ist das eher problematisch. Die Eltern erklären sich dann oft zum Koalitionspartner des Therapeuten und versuchen, Einfluß zu nehmen, sich in die Therapie einzumischen. Ich grenze dann in der Regel die Eltern aus. Ich fasse die Therapie als Individuationsprozeß der Patientin auf.

Natürlich zeigt das Mädchen zunächst ein großes Mißtrauen mir gegenüber. Wenn die junge Frau von den Eltern geschickt wird, besitzt sie keine Krankheitseinsicht, sondern behauptet, daß sie mit ihrem seltsamen Eßverhalten einfach aufhören könnte.

Mein Weg ist meist folgender: Ich stelle mich darauf ein. Warum soll ich das Essen zum Problem machen, wenn sie dieses Problem nicht haben will? Deshalb frage ich nach, ob sie in anderen Bereichen Schwierigkeiten hat, zum Beispiel mit Klassenkameradinnen. Darauf kommt oft eine positive Antwort.

Frage: Gibt es typische eßgestörte Patientinnen?

Ulrike Schmölz: Es sind große Unterschiede vorhanden. Deshalb sehe ich mehr die Unterschiede als das Gemeinsame. Sicher verhält sich eine Bulimikerin anders als eine Magersüchtige. Die

Bulimikerin hat einen großen Leidensdruck und doch ist sie von ihren vielen Rückfällen oft ganz entmutigt. Sie kann das bisher Erreichte oft nicht sehen. Ein Entweder-oder-Prinzip beherrscht sie: Entweder das Leben läuft perfekt, oder alles ist nichts wert, einschließlich der Therapie und der Therapeutin. Manchmal hat man das Gefühl, die jungen Frauen werden absolut nicht satt, man könnte sie mit Zuneigung stopfen, und doch genügt es nicht.
Die magersüchtigen Frauen in meiner Praxis besaßen eine gewisse Introspektionsfähigkeit. In der Klinik traf ich hingegen andere. Bei fehlender Einsicht in eigenes Denken und Handeln ist die Arbeit schwieriger. Sicher wollten manche Patientinnen über Probleme einfach hinweggehen. Doch die Sensibilisierung dafür kann glücken, wenn der Leidensdruck greifbar wird. Ich erlebe die Beziehung zwischen einer Frau mit einer bulimischen Erkrankung stärker von Schwankungen der Glorifizierung und Abwertung meiner Person geprägt als bei einer Frau mit einer anorektischen Problematik. Hier entwickelt sich die Beziehung zunächst kontinuierlicher.
Frage: Welche Vorteile birgt die Einzeltherapie, welche Vorteile die Familientherapie?
Ulrike Schmölz: Eine Einzeltherapie, möchte ich sagen, legt den Schwerpunkt eher auf die Verselbständigung, den Individuationsprozeß. Die Individualität der Person entwickelt sich stärker, sie kann sich besser auf ihre Gefühle einlassen und traut sich mehr zu. Die Familientherapie setzt am Familiensystem an und versucht, innerhalb des Familiensystems Veränderungen hervorzurufen. Das hat logischerweise Veränderungen der Symptomatik zur Folge. Das Symptom hat sich aufgelöst, das Familienkonzept hat sich mehr oder weniger verändert. Eine Familientherapie oder Einbeziehung der Familie ist notwendig, wenn die erkrankte Person zu Hause lebt. Lebt die Patientin bereits allein oder strebt sie ausdrücklich keine Einbeziehung der Familie an, ist diese auch nicht angezeigt.

Ich finde es anstrebenswert, nicht nur Änderungen im Familiensystem hervorzurufen, sondern den Boden zu bereiten dafür, daß die von einer Eßstörung betroffene Person einen Schritt in ihrer Entwicklung weitergeht. Dabei möchte ich sie unterstützen.

Frage: Worauf muß man bei der Suche nach einem guten Therapeuten achten?

Ulrike Schmölz: In der Klinik läßt man sich als Betroffene das Behandlungskonzept vorstellen und schaut, was alles angeboten wird. Schwerpunkte werden meist klar besprochen. Manche bieten verstärkt Mal-, Tanz-, Körper- oder Beschäftigungstherapie oder eine Kombination verschiedener Therapien.

Bei einer ambulanten Behandlung den richtigen Therapeuten zu finden, ist sicher schwieriger. Ich würde mir erklären lassen, welche Ausbildung und welche Schwerpunkte der Therapeut hat. Das Entscheidende bleibt letztlich immer, ob eine gute Beziehung zwischen Therapeut und Patient hergestellt wird.

Vielleicht ist eine Anfrage bei Selbsthilfegruppen ein möglicher Weg. In der Gruppe werden oft Erfahrungen über Therapeuten ausgetauscht. Natürlich ist das keine Garantie dafür, daß man sich dort aufgehoben fühlt, wo es anderen gutgeht.

Frage: Wann ist eine Therapie gelungen?

Ulrike Schmölz: Für die Krankenkasse ist die Therapie gelungen, wenn die magersüchtige Frau ihr Gewicht gesteigert hat, wenn sich die Symptomatik veränderte oder ganz verschwand.

Für mich ist eine Therapie gelungen, wenn die Person eigenverantwortlich ihr Leben selbst in die Hand nehmen kann, Ideen entwickelt, wie sie ihr Leben gestalten will. Darüber hinaus kann die junge Frau ihre Gefühle, ihre Körperwahrnehmung differenzieren und konkretisieren und sich eher auf eine Beziehung einlassen. Für mich ist es wichtig, daß die Patientin als Zeichen für das »Loslassen« souveräner mit ihrem Kontrollbedürfnis umgehen kann und ihre Gefühlswelt und alles, was nicht zu gelingen scheint, nicht mehr ausschließlich übers Essen auslebt.

»Den Hunger nach Lebenssinn stillen«

Stationäre klinische Behandlung

Die Klinik am Korso, Bad Oeynhausen

Die Klinik am Korso, die 1985 eröffnet wurde, ist die einzige Fachklinik in der Bundesrepublik, die ausschließlich Eßgestörte behandelt. In der wunderschönen Jugendstilvilla und einem 1988 fertiggestellten Neubau sind die maximal 92 Patientinnen untergebracht. Hier werden Patientinnen mit Bulimie, Anorexie oder Fettsucht behandelt. Neunzig bis 95 Prozent der in der Klinik Hilfesuchenden sind Frauen. Aufgenommen werden nur Personen ab achtzehn Jahren.

Der Vorteil einer Klinik allein für eßgestörte Patientinnen liegt

Die Klinik am Korso

für den Leiter Jacoby auf der Hand: »Das ›Know-how‹ ist da. Nicht nur die Symptomatik, sondern der Hunger nach Lebenssinn werden dort gestillt. Die verschiedenen eßgestörten jungen Frauen können voneinander lernen: Die Impulsivität der Bulimikerin kann die Magersüchtige anstecken, während das disziplinierte Verhalten der Magersüchtigen sich auf die Bulimikerin überträgt. Und diese beiden wiederum lernen die Fleischeslust der Fettsüchtigen kennen.«

Die therapeutische Arbeit ist systembezogen, denn alle Einsichten und Absichten bleiben ergebnislos, solange der süchtige und zwanghafte Teufelskreis beim Eßverhalten nicht durchbrochen wird. Doch soll sich die Therapie nicht allein auf die Behandlung der Symptomatik beschränken, sie muß vor allem die zugrundeliegenden krankmachenden Konflikte aufdecken und bearbeiten. Im Idealfall sollten bei der Entlassung möglichst klar umrissene Therapieziele erreicht und Konzepte zur Bewältigung der anstehenden Probleme entwickelt worden sein. Neue Zukunftsperspektiven können entstanden sein.

Damit also die Patientin in Eigenverantwortung und bei körperlichem Wohlbefinden ihr weiteres Leben aktiv gestalten kann, muß ein langer und schwieriger Weg beschritten werden:

– Zunächst muß die Patientin ihre Krankheit akzeptieren und sich auf die Behandlung einlassen.

– Dann folgt die Aufarbeitung der Lebens- und Krankheitsgeschichte, besonders im Hinblick auf ihr Eßproblem. Erst tiefgreifende Selbsterfahrung und Selbsterkenntnis machen es den Patientinnen möglich, alte krankmachende Verhaltensmuster und Denkweisen aufzugeben und erste neue, der Realität angemessenere, im geschützten Rahmen der Klinik auszuprobieren.

– Wesentlicher Bestandteil der Therapie ist eine Veränderung des gestörten Selbstbildes, damit Gewicht und Aussehen nicht mehr alleine für das Selbstwertgefühl bedeutsam sind.

– Auf dieser Grundlage eines gestärkten Selbstwertgefühls und der Entwicklung größerer Selbstverantwortung sollen die Patientinnen zu einer offeneren, lebensbejahenderen und sinnerfüllteren Lebenseinstellung gelangen können.

– Schließlich sollen sie die gesellschaftlichen Voraussetzungen ihrer Krankheit erkennen lernen, um einen für sie ganz persönlich annehmbaren Umgang mit den gesellschaftlichen Normen zu finden.

Um der Patientin zu helfen, nicht wieder in alte Verhaltensweisen zu rutschen, besteht in den ersten vierzehn Tagen der Behandlung eine Ausgangsbeschränkung.
Patientinnen und Mitarbeiterinnen bilden eine Gemeinschaft, in der die Eßgestörte wichtige Funktionen übernimmt. Sie betreut andere in Form von Patenschaften, organisiert das Plenum oder hat verschiedene Ämter inne. In jedem Fall ist ihre aktive, selbstverantwortliche Mitarbeit gefordert.

Therapieangebote
Gruppentherapie: Vorwiegend finden die Therapien in Gruppen statt. Gleich zu Beginn werden Neuzugänge in bestehende Gruppen eingegliedert. Das führt dazu, daß sich in der jeweiligen Gruppe Patientinnen mit unterschiedlichem Entwicklungsstand auseinandersetzen. Die Frauen erkennen sich in den anderen wieder. Das kann sehr stützend wirken. Einsichten anderer Gruppenmitglieder können sehr viel nützen.
Einzelgespräche: Die Gruppentherapie begleitend werden Einzelgespräche und -beratungen durchgeführt. Sie sollen die individuelle Problematik intensiv aufarbeiten und Lösungen entwickeln.
Angehörigen- und Partnerseminare: In den letzten Jahren zeigte sich, wie wichtig es ist, auch die Familie oder nahe Angehörige in die Therapie mit einzubeziehen. In einem zweitägigen Seminar im zweiten Behandlungsabschnitt treffen gleichzeitig mehrere Familien zusammen. Angehörige erkennen übergreifend Ähnlichkeiten und Unterschiede, bestehende Ressourcen in der

Familie werden aktiviert. Das Seminar ermöglicht, daß sich die einzelnen Familienmitglieder miteinander konstruktiv auseinandersetzen. Konflikte werden nicht mehr über das Essen geregelt, und es können Absprachen für einen angemesseneren gegenseitigen Umgang getroffen werden.

Körper- und Bewegungstherapie: Die Körpertherapie ergänzt die Gesprächstherapie. Dabei geht es um die Wahrnehmung des Körpers (»Das bin ich«) und um den körperlichen Ausdruck von Gefühlen (»So bin ich«). Mit Hilfe von Körperübungen aus den Bereichen Tanz, Yoga, Eutonie, konzentrative Bewegungstherapie und Bioenergetik wird der Körper für die Eßgestörte spürbarer und lebendiger. In der Gruppe kann sie Gefühle ausdrücken und ausprobieren.

Übungen vor dem Spiegel konfrontieren die Patientin mit ihrem meist verzerrten Körperbild. So lernt sie sich selbst akzeptieren. Beim Frühsport werden der Trainingszustand und das Körpergefühl ebenfalls verbessert.

Eine Abteilung für physikalische Therapie mit Massagen, Kneippschen Güssen, Fuß- und Armbädern sowie einer Sauna ergänzt die angebotene körperbezogene Therapie.

Ernährungstherapie und -beratung: Es versteht sich von selbst, daß Ernährungsberatung bei dieser Erkrankung eine besondere Rolle spielt. In ernährungstherapeutischen Gruppen- und Einzelgesprächen, manchmal auch in Familiengesprächen während des Angehörigenseminars, geht es darum, die Hintergründe und Zusammenhänge des gestörten Eßverhaltens zu erkennen, sich den körperlichen und seelischen Hunger bewußtzumachen und beide voneinander abzugrenzen. Die Patientinnen können dabei lernen, ein natürliches und angstfreies Verhältnis zum Essen zu bekommen, wieder ihrem Gefühl zu vertrauen und bedürfnisorientiert, möglichst ohne diätische Einschränkungen zu essen.

Fünf bis sechs Mahlzeiten gibt es am Tag, die aber nicht portionsweise ausgegeben werden. Eigenverantwortlich sollen die Betroffenen selbst Art und Menge der Nahrung bestimmen. Da-

bei sind sie auch mit ihren »verbotenen« Lebensmitteln wie Süßigkeiten oder Soßen konfrontiert.
In einer Lehrküche können die Frauen das in der Klinik Erprobte und Erfahrene praktisch umsetzen.
Gestaltungstherapie: Hier haben die Patientinnen Gelegenheit, einfach mal etwas auszuprobieren und ohne Leistungsdruck schöpferisch zu sein. Unterschiedliche Werkstoffe eröffnen ihnen bisher nicht gekannte Möglichkeiten, eigene Impulse wahrzunehmen und auszudrücken. Sie können Vertrauen in die eigenen Fähigkeiten entwickeln und sich in ihren Produkten selbst wiedererkennen – mit all ihren Wünschen und Konflikten.
Nachsorge- und Selbsthilfe-Therapieeinheiten: Die größte Schwierigkeit jeglicher Form stationärer Psychotherapie besteht wohl darin, daß das im geschützten Raum der Klinik Erkannte, Veränderte und Neuerprobte den Belastungen der Außenwelt und des Alltags standhalten muß. Ohne Hilfe und wenig vorbereitet steht die Patientin nach dem Klinikaufenthalt vor der Aufgabe, von nun an ihr Leben selbst bewältigen zu müssen.
Um den Bruch etwas aufzufangen, gibt es zum einen das Angehörigenseminar und zum anderen ein »Realitätstraining«. Letzteres findet in der zweiten Behandlungsphase statt. Die Patientin versucht in diesem fünftägigen Training in ihrem Heimatort, das bisher in der Klinik Gelernte in ihrem Alltag zu Hause umzusetzen.
In der Klinik bereiten Sozialarbeiterinnen auf dieses Training vor. In Einzelgesprächen werden lebenspraktische Fragen erörtert. Es geht um die Umsetzung der neuerworbenen Kenntnisse und Lösungsmuster im Beruf, beim Umgang mit Finanzen, bei Wohnungsproblemen und in anderen Bereichen. Weiterführende ambulante Therapiemöglichkeiten werden aufgezeigt und unter Umständen vermittelt. Auch die Arbeit in Selbsthilfegruppen wird vorbereitet und bereits stationär geübt.
Das Konzept ist offenbar sehr erfolgreich. Zwei Jahre nach der Entlassung erhalten die ehemaligen Patientinnen Fragebogen. Darin werden sie unter anderem nach ihrem derzeitigen Ge-

wicht und ihrer körperlichen und psychischen Verfassung befragt. Natürlich enthalten die Antwortbogen gewisse Unsicherheitsfaktoren, da die Selbsteinschätzung der Patientinnen naturgemäß ausgesprochen subjektiv ist. Dennoch besitzen sie in der Gesamtheit eine gewisse Aussagekraft: Bei den ›Dicken‹ ist die Gewichtsentwicklung nicht besonders günstig. Nach zwei Jahren haben die Frauen meist wieder in etwa ihr Ausgangsgewicht oder liegen nur knapp darunter. Bulimische Patientinnen scheinen zu sechzig Prozent symptomfrei, Magersüchtige zu etwa fünfzig Prozent geheilt.

Klinik am Korso, Ostkorso 4, 32545 Bad Oeynhausen,
Tel: 05731/181-0
Stationärer Aufenthalt: mind. 12 Wochen, Mindestalter: 18 Jahre
Wartezeit: 4–6 Monate, Kosten: Krankenkasse

Medizinisch-psychosomatische Klinik Roseneck, Prien am Chiemsee

Essen oder auch Nicht-Essen sind Tätigkeiten im Hier und Jetzt, und Hunger und Sättigung sind aktuelle Körpersignale, die die meisten Patientinnen mit Eßstörungen nicht mehr richtig wahrnehmen. Situationen und Gefühle, die Eßanfälle oder Nahrungsverweigerung auslösen, werden entweder gar nicht wahrgenommen oder nicht mit dem Eßverhalten in Verbindung gebracht. Das Ziel der therapeutischen Arbeit in der Klinik Roseneck ist deshalb, die Sensibilität für die Wahrnehmung von Körpersignalen, Gefühlen und Bedürfnissen zu steigern und daraus neue Konsequenzen für das eigene Verhalten abzuleiten. Die psychosomatische Klinik behandelt das gesamte Spektrum der Eßstörungen, von der asketischen Magersucht bis hin zur Fettsucht. Roseneck arbeitet nach dem sogenannten »Vertrauensmodell«. Was das bedeutet, erklärt der leitende Oberarzt

Körpertherapie in der Klinik Roseneck

Carl Leibl: »Uns geht es nicht sofort um eine Symptomreduktion, was den Patientinnen ja immer sehr viel Angst macht. Wir gehen in der Therapie davon aus, daß das gestörte Eßverhalten eine Schutzfunktion darstellt und langsam abgebaut werden muß. Dabei muß es schrittweise durch andere Lebensinhalte und andere Aktivitäten ersetzt werden.«

Ich entscheide mich für die Klinik

Vertrauen zwischen Therapeuten und Patientinnen spielt auch in Roseneck von Anfang an eine große Rolle. »Bereits vor der Aufnahme in die Klinik suchen wir den direkten Kontakt zu den Patientinnen. Darauf legen wir sehr großen Wert, auch und gerade wenn die Anmeldung über Ärzte, Angehörige oder Freunde erfolgt«, erklärt Carl Leibl. Zunächst möchte die Klinik einen schriftlichen Eigenbericht von der Patientin, in dem sie etwas über ihre Krankheitsgeschichte und den derzeitigen Grad ihrer Eßstörungen erzählen soll. Im selben Bericht äußert sie ihre Vorstellungen darüber, was sie in einer Therapie ändern möchte. Hinzu kommen medizinische Informationen, etwa ob und bei wem sie in Behandlung ist, sowie, falls vorhanden, ein medizinischer Befund. Falls sich dann noch ungeklärte Fragen ergeben, folgt ein persönliches oder telefonisches Vorgespräch, in dem die Patientin über Ablauf und grundsätzliche Ziele der Therapie informiert wird. Leibl: »Wir wollen der Patientin die Angst vor der Therapie nehmen und zugleich zu hohe Erwartungen abbauen.« Die Möglichkeit zu Gesprächen mit anderen Patientinnen und eine Bedenkzeit sollen der Patientin helfen, ihre Entscheidung für oder gegen die Klinik zu treffen. Der Erfolg der Therapie hängt maßgeblich davon ab, ob die Patientin bereit ist, ihren Zustand zu verändern. Manchmal stellt sich das auch erst im Laufe der Therapie heraus, so der leitende Oberarzt: »Es gibt Patientinnen, die zwar sehr aktiv in den Gruppen mitarbeiten, bei denen sich aber im Gewichtsbereich nichts verändert oder die sogar weiter abnehmen. Dann muß die Patientin sich fragen, ob die Klinik im Augenblick der richtige Ort für sie ist und ob sie nicht lieber zu einem späteren Zeitpunkt mit höherer Motivationsbereitschaft zurückkommen will. Die erste Motivation ist oft sehr vom Verstand getragen. Bei jedem Gramm Gewichtszunahme aber bekommen die Patientinnen solche Angst, daß sie gegensteuernde Maßnahmen ergreifen.

Ein festgelegtes Mindestgewicht für die Aufnahme in Roseneck gibt es nicht. Allerdings: »Wenn eine Patientin aufgrund des Gewichts nicht aktiv an der Therapie teilnehmen kann, weil sie etwa bettlägerig ist, dann ist es sinnvoller, zuerst in einer internistischen Klinik etwas an Gewicht zuzunehmen und dann hierher zu kommen.« Bei schwer Magersüchtigen, die stark gefährdet sind, kann es in der Eingewöhnungsphase sinnvoll sein, einen »Gewichtsvertrag« abzuschließen, in dem sich Therapeut und Patientin darauf einigen, das Gewicht für eine gewisse Zeit konstant zu halten. Nach Ablauf der gesetzten Frist setzt man sich zusammen und überlegt, »wohin die Reise jetzt gehen soll«. Oft müssen dann auch unrealistische Vorstellungen korrigiert werden, wenn sich Patientinnen zu hohe Ziele stecken. Carl Leibl: »Eine Zunahme von siebenhundert Gramm in der Woche erscheint eine realistische Größe.« Das Behandlungsprogramm in Roseneck ist sehr aktiv und auf die Mitarbeit der Patientin ausgerichtet. Die Therapie ist in drei Stufen unterteilt, die im klinischen Alltag aber nicht starr voneinander getrennt sind, sondern ineinander übergehen und individuell verschieden gewichtet werden.

Bei der Aufnahme wird jeder Patientin ein Bezugstherapeut und ein Co-Therapeut zugeteilt. Zusätzlich wird eine Mitpatientin »Patin« und betreut den Neuankömmling. Vorrangiges Ziel der ersten Behandlungsphase ist es, eine Vertrauensbasis zwischen Patientinnen und Therapeuten aufzubauen, damit eine konstruktive Zusammenarbeit möglich ist und die Patientin sich öffnen kann. Außerdem wird sie über die Krankheit, über mögliche Folgen und über die Behandlungsmöglichkeiten in der Klinik informiert. Hinzu kommt eine medizinische Untersuchung bei der eventuell schon vorhandene Folgeschäden erfaßt und die medizinische Versorgung in der Klinik besprochen werden. »Diese erste Etappe ist die Kennenlernphase, in der es ganz stark um Verhaltensbeobachtung, um Selbstbeobachtung und um die Funktionsanalyse der Eßstörung geht, also darum, Zusammenhänge herauszuarbeiten, um das Problem umfassend kennzulernen«, erklärt Carl Leibl. Die Therapeuten lernen in dieser Zeit die Patientin kennen, ihr Krankheitsbild, ihre familiäre und soziale Situation. Zusammen mit der Patientin entwickelt der Therapeut in dieser ersten Phase auch den Gesamtbehandlungsplan, in dem der Ablauf der Therapie geplant und die einzelnen Therapieverfahren ausgewählt und zusammengestellt werden. Das Programm wird also der Patientin nicht einfach verordnet, allerdings muß sie sich dann an den besprochenen Maßnahmen beteiligen (siehe Abbildung).

Ein Beispiel:

Montag	Dienstag	Mittwoch	Donnerstag	Freitag
FRÜHSTÜCK 7.30–8.15 Uhr				
	9.00–10.30 Gestaltung Raum U29	9.00–10.30 Gestaltung Kleingruppe Raum U29	8.50–10.10 Gestaltung Raum U29	
10.15–11.45 Gruppe I Konf.-Raum	10.00–10.30 Medizin. Sprechstd. Dr. v. Heydwolff	9.00–10.30 Anti-Diät Raum 342	10.15–11.45 SST-Kurs Konf.-Raum	
Gruppe II Raum 341	10.00–13.00 Kochgruppe	10.45–11.30 Körperwahrnehmung Raum 342	10.30–11.00 Medizin. Sprechstd. Dr. v. Heydwolff	
GRUPPENTISCH 12.15–12.45 Uhr				
13.30–15.00 Gestaltung Kleingruppe Raum U29	13.15–14.30 Anti-Diät Raum 687, Haus B	14.15–14.45 Stationsversammlung Raum 342	14.00–15.30 Gruppe I Konf.-Raum	13.00–13.45 Körperwahrnehmung gr. Turnhalle
14.00–14.45 Körperwahrnehmung Konf.-Raum			Gruppe II Raum 342	14.00–15.00 Gruppentischbesprechung (Sitzecke V/I)
ABENDESSEN 17.30–18.15 Uhr				

Die Gruppentherapie

Die Gruppe spielt in Roseneck von Anfang an eine zentrale Rolle, denn sie ermöglicht den Austausch unter den Patientinnen. In den psychotherapeutischen Gruppensitzungen geht es unter anderem um die lebensgeschichtliche Entwicklung, um typische Problemlösungsstrategien oder um den Umgang mit Emotionen. Immer wiederkehrende Themen in den Gruppensitzungen sind auch die Helferrolle, die Angst vor Ablehnung, Minderwertigkeitsgefühle, Verlusterfahrungen, das Finden einer erwachsenen Identität, der Umgang mit Sexualität und Partnerschaft, Bereiche, die häufig in Form von Rollenspielen bearbeitet werden. Die meisten Gruppen sind mit durchschnittlich zehn bis fünfzehn Teilnehmerinnen relativ klein. Sie werden immer von Therapeuten betreut.

Neben der therapeutischen Arbeit in offenen Gruppen gibt es spezielle teilstrukturierte Gruppen. Die offenen Gruppen sollen vor allem Konflikte aufdecken und die Patientinnen stabilisieren. In den teilstrukturierten Gruppen hingegen stehen die Analyse und die Veränderung des Eßverhaltens im Vordergrund. Zu diesem Zweck werden etwa Eßprotokolle geführt. In Traum- und Phantasiereisen sollen sich die Gruppenmitglieder in verschiedene Szenen einfühlen und über ihre Erfahrungen berichten. Ein Thema könnte heißen: Ich gehe auf eine Party, als Dicke, als Dünne, wie fühle ich mich, wie begegnen mir die anderen und so weiter.

In der Gemeinschaft haben alle Mitglieder verschiedene Aufgaben und Pflichten. So ist jede Patientin für die Sauberkeit ihres Zimmers selbst verantwortlich. Sauberkeit und Ordnung in den Zimmern sagen oft viel über das psychische Befinden aus. So können sich Ekelgefühle gegenüber dem Essen oder dem Erbrechen etwa in zwanghaftem Putzen manifestieren. Die Auseinandersetzung mit diesen Ekelgefühlen bedeutet einen wesentlichen Schritt, Eigenverantwortung und Verantwortung in einer Gemeinschaft zu übernehmen. Konstruktivität und Abgrenzung,

helfen und Hilfe fordern sind Faktoren, die in der Gruppe in ein harmonisches Gleichgewicht gebracht werden können.
Etwa ein- bis zweimal in der Woche geht die Patientin zum Bezugstherapeuten in die Einzeltherapie. Auch die Angehörigen werden, soweit das möglich ist, in die Therapie miteinbezogen. So können bei entsprechender Motivation und Indikation mehrere Familiengespräche im Lauf der Therapie stattfinden. Solche Gespräche werden allerdings bisher im Regelfall nicht von den Krankenkassen bezahlt. Carl Leibl betont: »Es ist für uns ganz wichtig, den Patientinnen zu signalisieren, wie die Kommunikationsschiene läuft, nämlich: Wir haben den Kontakt zur Patientin, und der Kontakt zu den Angehörigen läuft über die Patientin, nicht über uns. Der Informationsfluß muß klar sein. Die Klinik tut nichts hinter dem Rücken der Patientin. Familientherapie etwa findet nur statt, wenn die Patientin einverstanden ist und die Eltern dazu einlädt. Wir geben damit die Autonomie an die Betroffene zurück.«
Individuell festgelegt wird der Einsatz anderer Therapieverfahren, etwa von Körper-, Sport- oder Gestaltungstherapie. Die Körpertherapie will vor allem die Körperwahrnehmung verändern, das Leistungsideal bezüglich des eigenen Körpers abschwächen. Ein besseres Verhältnis zum eigenen Körper fördert auch die physikalische Therapie, die mit Massagen langsam wieder zur Körperberührung zurückführt. Die Sport- und Bewegungstherapie vermittelt anorektischen Patientinnen Entspannungstechniken und spielerische Bewegung. Bei den bulimischen Patientinnen kommen aktivierende Verfahren hinzu. Die Gestaltungstherapie, in der Patientinnen malen, zeichnen oder töpfern, fördert die nonverbale Äußerung von inneren Prozessen durch Kreativität. Zeichnungen und Töpferarbeiten werden in der Gruppe angeschaut und besprochen. Hinzu kommen spezifische Verfahren wie Selbstsicherheitstraining, der Umgang mit Video-Feedback und die Tanztherapie.

Das Anti-Diät-Modell

Einen Schwerpunkt bildet in Roseneck der Anti-Diät-Kurs. »Hier geht es im weitesten Sinne darum, mit vielen Übungen die Funktion des Essens in meine psychischen und meine körperlichen Bedürfnisse zu integrieren«, erklärt Carl Leibl das Modell, das in Roseneck, ausgehend von den Thesen Susie Orbachs, weiterentwickelt wurde. Ernährungsverhalten und das Thema Diät spielen im Anti-Diät-Kurs eine wesentliche Rolle. Auch der Schlankheitswahn wird kritisch hinterfragt. »Die Patientinnen wissen oft gar nicht über Ernährung Bescheid. Sie unterscheiden zwischen erlaubten und unerlaubten Nahrungsmitteln, zählen Kalorien, wissen aber nicht, wie eine gesunde Ernährung aussehen soll. Da ist viel wirres Diätdenken«, berichtet Carl Leibl. Die strikte Einteilung in »erlaubte« und »verbotene« Nahrungsmittel führt zu immer einseitigerer Ernährungsweise. Kalorien werden wichtiger als die Befriedigung eigener Bedürfnisse, die allmählich immer weniger wahrgenommen werden. Hunger, Appetit und das Gefühl, satt zu sein, werden immer mehr den Diätvorschriften untergeordnet, die Selbstwahrnehmung verkümmert.

Roseneck arbeitet deshalb ohne Diätvorschriften. Die Zahl der »erlaubten« Nahrungsmittel soll ausgeweitet werden und Essen wieder direkt Bedürfnisse befriedigen. Dabei muß die Angst vor Gewichtszunahme abgebaut werden, was nur möglich ist, wenn die Patientinnen bereit sind, ihr persönliches Normalgewicht zu akzeptieren, auch wenn dieses nicht dem normierten Idealgewicht entspricht. Das Anti-Diät-Modell zielt langfristig darauf ab, ein normales, stabiles Eßverhalten aufzubauen, das nicht mehr über Diätvorschriften kontrolliert, sondern durch sensible Wahrnehmung von Hunger, Appetit und Sättigung gesteuert wird.

Diätassistentinnen und Ökotrophologinnen sollen falsche Vorstellungen über die Ernährung korrigieren. »Das kann für bestimmte Situationen sehr hilfreich sein. So soll beispielsweise die pauschale Vorstellung ›Kekse machen dick‹ revidiert und statt dessen vermittelt werden, daß drei, vier Kekse als Zwischenmahlzeit bei Kohlehydrathunger rettend sein können, um vor einem Heißhungeranfall zu bewahren«, berichtet Leibl.

Ganzheitlicher therapeutischer Ansatz

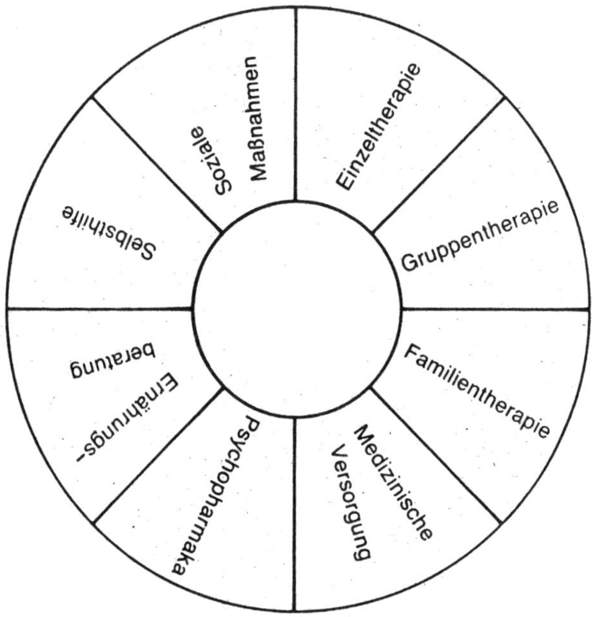

Selbsthilfe als Ankerpunkt

In der zweiten Behandlungsphase geht es verstärkt darum, Gefühle wahrzunehmen und zu äußern. Die Patientinnen lernen zu erkennen, welche Situationen und Gefühle sich negativ und positiv auf ihr Eßverhalten auswirken. Hierzu werden etwa Eßprotokolle analysiert und schrittweise »verbotene« Nahrungsmittel in den Speiseplan aufgenommen. Die Wahrnehmung innerer und äußerer Reize wird trainiert, Werturteile werden in Frage gestellt.

In der dritten und letzten Phase soll der erzielte Fortschritt stabilisiert und unter erschwerten Bedingungen erprobt werden. Dazu Carl Leibl: »Es kann sehr sinnvoll sein, Patientinnen bis zur zweiten Phase zu führen und sie dann für einen gewissen Zeitraum nach Hause zu schicken. Wenn sie dann zurückkommen, kann man sehen, welche Verhaltensmaßnahmen und Problemlösestrategien umgesetzt werden konnten und welche vertieft werden müssen.« Diese Intervallbehandlung nimmt den Erfolgsdruck von den Patientinnen, denn sie wissen, daß sie noch einmal zurückkommen können.
Als eine Art Rückfallprophylaxe empfiehlt Carl Leibl seinen Patientinnen, rechtzeitig Kontakt mit Selbsthilfegruppen aufzunehmen: »Obwohl wir in der Therapie versuchen, möglichst realistische Momente darzustellen, ist die Klinik in gewisser Weise natürlich eine schützende Käseglocke. Die Entlassung bedeutet immer auch ein Wiederhineingehen in eine fremd gewordene Welt, und da ist es sehr wichtig, Ankerpunkte und Anlaufstellen zu haben, die einem in Krisensituationen weiterhelfen können.« Carl Leibl ist sich im klaren darüber, daß die Patientinnen, wenn sie nach einer durchschnittlichen Aufenthaltsdauer von drei bis vier Monaten entlassen werden, nicht selten zwar weitgehend oder ganz symptomfrei, »aber immer noch gefährdet sind, in belastenden Situationen draußen wieder mit gestörtem Eßverhalten zu reagieren, sei es in der einen oder anderen Weise«.
Im Hinblick auf die Zeit nach der stationären Behandlung bietet Roseneck auch einen Sozialdienst an. Hier können zusammen mit Sozialpädagogen offene Fragen zur sozialen und beruflichen Rehabilitation besprochen werden.
Voraussetzung für eine Aufnahme in Roseneck ist ein Mindestalter von sechzehn Jahren und die Einweisung durch einen behandelnden Arzt. Die Wartezeiten verändern sich, aber mit mehreren Monaten ist derzeit noch zu rechnen. Dies kann sich in absehbarer Zeit ändern, da die Klinik erweitert werden soll.

Im übrigen, so der leitende Oberarzt, »sind wir bemüht, Fälle, die aufgrund des klinischen Befundes oder des besonders belastenden sozialen Umfeldes sehr dringend sind, auch einmal bevorzugt aufzunehmen«. Der Grad der Eßstörungen und die Motivation der Patientin werden in der Regel berücksichtigt. Derzeit stehen in Roseneck für die Behandlung von Eßgestörten auf drei speziellen Stationen insgesamt rund hundert Plätze zur Verfügung.

Medizinisch-psychosomatische Klinik Roseneck, Am Roseneck 6, 83209 Prien am Chiemsee, Telefon 08051/601-0

Stationärer Aufenthalt: durchschnittlich drei bis vier Monate
Mindestalter: 16 Jahre
Wartezeit: derzeit noch mehrere Monate (Klinik wird erweitert)
Kosten: Krankenkasse

Psychosomatische Fachklinik Bad Pyrmont

Die Fachklinik Bad Pyrmont baut auf Eigeninitiative. Ohne sie ist eine wirkungsvolle Behandlung von Eßstörungen nach Meinung der hier arbeitenden Ärzte nicht möglich. Leitlinie des Pyrmonter Konzeptes ist, »daß der Patient sich selbst zum ›Experten‹ für seine eigene Problematik entwickelt; daß er aktiv in seinen Möglichkeiten und Fähigkeiten gefördert wird, mit körperlichen, seelischen und sozialen Problemen und Beschwerden fertig zu werden, und daß er das gesamte Therapiekonzept versteht und während des Klinikaufenthaltes zu Eigenaktivitäten motiviert wird.« Das therapeutische Team unterstützt die Patientinnen dabei, die Ursachen ihres Leidens zu erkennen sowie gemeinsam mit dem Therapeuten Wege aus der Krankheit zu finden und in die Praxis umzusetzen.

Erste Bedingung: Ehrlichkeit

Die erste Bedingung für eine Behandlung ist Ehrlichkeit, sowohl sich selbst gegenüber als auch gegenüber den Behandelnden. Um zu verhindern, daß man dabei sich selbst und andere »austrickst«, ist das Führen eines Tagebuchs während des gesamten Aufenthaltes fester Bestandteil der Therapie. Ins Tagebuch gehört alles, was mit dem Eßverhalten zu tun hat: Was, wieviel, wo und wann habe ich gegessen? Was war der Auslöser für mein Essen? Wie fühlte ich mich vor und nach dem Essen? Und so weiter. Das Tagebuch hilft den Patientinnen erfahrungsgemäß, sich realistischer einzuschätzen und Erfolge sowie Mißerfolge besser zu kontrollieren.

Ein »Team« ist während des stationären Aufenthaltes die soziale Bezugsgruppe der einzelnen Patientinnen. Das Team besteht aus den meistens rund 25 Patientinnen einer Station, wovon rund zehn unter Eßstörungen, die restlichen unter anderen psychosomatischen Störungen (unter anderem Darmerkrankungen, Magen-Zwölffingerdarm-Geschwüre, Nervenschmerzen) leiden. Auch in manchen Gruppentherapien finden sich Mitglieder des Teams mit unterschiedlichen Krankheitsbildern zusammen. Darüber hinaus gibt es spezielle indikative Gruppen etwa für Eßstörungen.

Die Behandlung von Eßstörungen gliedert sich in drei Abschnitte. Der erste Behandlungsabschnitt ist für Bulimikerinnen und Magersüchtige unterschiedlich. Während die Bulimikerinnen sich nicht auf eine konkrete Kilozahl festlegen sollen, sondern einen vernünftigen Gewichtsbereich bestimmen, in dem sich ihr Gewicht einpendeln soll, ist das Hauptziel des ersten Therapieabschnitts bei Magersüchtigen ganz klar die Gewichtszunahme. Die Bulimikerinnen sollen zunächst lernen, ihr Eßverhalten zu normalisieren und zu stabilisieren. Wegen der ernsthaften gesundheitlichen Folgen müssen das Erbrechen und das Abführen so schnell wie möglich eingestellt werden.

Im Mittelpunkt der Behandlung steht das Eßmuster, also die Art und Weise, wie gegessen wird. Die Patientinnen sollen ein normales Eßmuster lernen, dazu gehört auch ein geregelter Mahlzeitenrhythmus mit drei Hauptmahlzeiten und zwei Zwischenmahlzeiten. Über Erfahrungen, die sie mit einer veränderten Nahrungsaufnahme machen, sollen sie entdecken, daß sie mehr essen können, ohne dadurch zuzunehmen. Da Sättigungs- und Hungergefühl nicht funktionieren, werden die Zeitabstände zwischen den Mahlzeiten und die Essensmengen abgesprochen. Auch die »verbotenen« Nahrungsmittel wie etwa Süßigkeiten sollen nach und nach wieder in die Mahlzeiten miteinbezogen werden.

Die magersüchtigen Patientinnen legen bereits zu Beginn der Behandlung in einem Therapiekontrakt ihr Zielgewicht fest, das sie bis zur Entlassung erreichen wollen. Dieses Zielgewicht entspricht dem Idealgewicht nach Broca (Körpergröße in Zentimeter minus 100 minus 15 Prozent). Dieses »Idealgewicht« ist nach Ansicht der Pyrmonter Ärzte die untere Grenze eines Körpergewichtes, mit dem man gesund und belastbar sein kann. Dazu der ärztliche Direktor der psychosomatischen Fachklinik Rolf Meermann: »Damit die Patientinnen ihr Entlassungsgewicht erreichen, vereinbaren wir bereits zu Beginn der Behandlung, daß sie in der Woche siebenhundert Gramm zunehmen. Wer das nicht erreicht oder sogar weiter abnimmt, kann ein Gewichtsprogramm zu Hilfe nehmen. Das Gewichtsprogramm legt der Patientin Beschränkungen auf. So nimmt sie dann ihre Nahrung nicht im Speisesaal, sondern alleine auf ihrem Zimmer ein; sie ist vom Sport ausgeschlossen oder darf weniger Besuch empfangen. Das darf man sich nicht als Überwachung vorstellen, da werden auch nicht etwa Türen verschlossen und ähnliches. Wir sehen das mehr als freiwillige Selbstbeschränkung, als Selbstverpflichtung seitens der Patientinnen. So ist ja auch der Kontrakt eigentlich ein Vertrag mit sich selbst, weniger mit der Klinik. Wir haben damit gute Erfahrungen gemacht. Dieses möglicherweise einschneidend wirkende Selbstverpflichtungsprogramm wird von den meisten Patientinnen im nachhinein als wichtige Hilfe angesehen.«

Patientinnen, die nicht bereit sind, diese Regeln zu akzeptieren, können an der Therapie nicht teilnehmen. Patientinnen mit einem Gewicht unter 35 Kilogramm werden im übrigen nicht aufgenommen. Die Klinik will den Patientinnen Freiräume schaffen, um deren Bestreben nach Autonomie zu unterstützen und das Gefühl der Ineffektivität und Hilflosigkeit zu beseitigen. Deshalb versucht man in der Klinik, so wenig Kontrolle wie möglich auszuüben.

Neben der Gewichtszunahme steht die Stabilisierung des Eßverhaltens auch bei den magersüchtigen Patientinnen im Mittelpunkt. Wichtig ist dabei auch, daß sie die Angst vor dem Essen verlieren und Mut schöpfen, sich wieder nach ihren eigenen Bedürfnissen zu richten. Ein weiterer Schwerpunkt der Therapie liegt auf der Auseinandersetzung mit dem eigenen Körper und seinen Veränderungen, da es den Patientinnen besonders schwerfällt, die Veränderungen am eigenen Körper zuzulassen und auszuhalten.

Im zweiten Behandlungsabschnitt liegt der Schwerpunkt einerseits weiterhin auf der Stabilisierung des Eßverhaltens. Bei den magersüchtigen Patientinnen spielt nach wie vor die Gewichtszunahme eine wichtige Rolle. Andererseits werden nun auch die Ursachen der Eßstörung näher analysiert ebenso wie die Gedanken und Gefühle, die sich auf Nahrung, Gewicht und Körperformen richten. In diesem zweiten Behandlungsabschnitt werden zudem weitere mit der Eßstörung zusammenhängende Probleme wie geringes Selbstwertgefühl oder Konflikte mit anderen Menschen untersucht. In der Gruppe werden Problemlösestrategien und neue Verhaltensweisen erarbeitet. Im letzten Behandlungsabschnitt wird untersucht, was von dem Erlernten weiterhin gebraucht wird, wenn sich die Patientinnen in fremde Situationen begeben, wieder zurück in den Alltag, in Berufs- und Streßsituationen.

Ängste reduzieren und Erwartungen korrigieren

Auch die Fachklinik Bad Pyrmont lädt die Patientinnen vor Beginn der stationären Behandlung zu einem ambulanten Vorgespräch ein. Ziel ist es, die Patientin auf die Anforderungen vorzubereiten, die im Laufe der Behandlung an sie gestellt werden, und ihre Motivation sowie ihren Leidensdruck zu erfassen. »Die Krankheitseinsicht muß vorhanden sein«, erklärt Rolf Meermann, »das heißt, die Patientin muß sich selbst eingestehen, daß sie krank ist.«

Im Vorgespräch sollen etwa folgende Fragen geklärt werden:

- Wer schickt die Patientin?
- Ist es ihr eigener Wunsch, eine Therapie zu machen, und warum möchte sie zu diesem Zeitpunkt in dieser Klinik behandelt werden?
- Welchen Sinn sieht sie in der Behandlung?
- Welches sind ihre Ziele, die sie durch die Behandlung erreichen will?
- Wie erklärt sich die Patientin ihre Erkrankung?
- Was erwartet die Patientin von der Klinik?
- Auf welche Veränderungen hofft sie?
- Kann die Patientin für sich konkrete Behandlungsziele formulieren?

Nach dem Gespräch hat die Patientin einige Tage Bedenkzeit, um sich für oder gegen eine stationäre Behandlung in der Fachklinik Bad Pyrmont zu entscheiden.

Bei den Vorgesprächen nimmt die Klinik, wenn möglich, auch bereits Kontakt zu den Angehörigen auf, um auch deren Erwartungen kennenzulernen.

Die ersten Tage in der Klinik sind nicht leicht. Die Patientin muß sich mit dem therapeutischen Konzept vertraut machen, das sie anfänglich eher mißtrauisch und ängstlich betrachtet. Die bevorstehende Gewichtszunahme erscheint oftmals bedrohlich. Und Erfolge sind in diesen ersten Tagen noch nicht konkret greifbar. Um die anfänglichen Ängste zu reduzieren und eventuell falsche

Erwartungen zu korrigieren, führt die Klinik für alle jeweils neu aufgenommenen Patientinnen am Ende der ersten Woche ihres Aufenthaltes ein Einführungstraining durch, an dem sich die Patientinnen aktiv beteiligen. In möglichst anschaulicher Weise wird dort das therapeutische Konzept der Pyrmonter Fachklinik erläutert.

Die Maxime der Klinik: »Handeln – nicht behandeln lassen«, bedeutet auch, daß sämtliche Therapiebausteine in den Teambesprechungen und in Einzelgesprächen mit der Patientin festgelegt und sinnvoll aufeinander abgestimmt werden. Die Patientin soll nicht einen Programmpunkt nach dem anderen abhaken, sondern ihre Behandlung begreifen und aktiv mitgestalten. Während des Klinikaufenthaltes hat jede Patientin einen Bezugstherapeuten als Ansprechpartner. Zur Therapie gehört neben den in der Regel einmal pro Woche stattfindenden Einzelgesprächen mit dem Bezugstherapeuten auch die Gruppentherapie.

Erlerntes in Streßsituationen testen

Für die eßgestörten Patientinnen bietet die Fachklinik spezielle indikative Gruppen an, die sich zwei- bis dreimal pro Woche treffen. Die Gruppentherapie wird von zwei Bezugstherapeuten geleitet. Die Teilnahme an dieser Gruppentherapie ist Pflicht. In der Gruppe wird Konfliktverhalten geübt: Die Patientinnen lernen, Vermeidungsverhalten aufzugeben, neue Verhaltensweisen einzuüben und das Eßverhalten zu ändern. Eine der Teilnehmerinnen aus der Gruppe wird für jeweils drei Wochen zur Gruppenleiterin ernannt. Die Themenbereiche in den Gruppen drehen sich um Probleme mit der eigenen oder anderen Personen oder um Probleme mit Essen und Gewicht. Alle Bereiche sind in Themen untergliedert, beim Essen geht es unter anderem etwa um Probleme wie: Bei allem, was ich esse, überlege ich ständig, wie viele Kalorien es hat. Die Patientinnen sollen sich zu einzelnen Punkten schriftlich äußern.

In den Gruppen können die Patientinnen während des stationären Aufenthaltes auslösende und aufrechterhaltende Bedingungen für ihr anorektisches oder bulimisches Verhalten an sich selbst erfahren und erkennen. Das trifft besonders für die Körpertherapiegruppe zu, in der zweimal pro Woche die Körperbild- oder Schemastörungen der eßgestörten Patientinnen thematisiert werden. Viele Patientinnen erkennen dabei durch den regelmäßigen Einsatz von Videofeedback erstmals ihre verzerrte Selbstwahrnehmung. Sie lernen, die eigene Einstellung zum Körper positiv zu verändern, sich mit ihrem Körper wohlzufühlen und Ängste vor einer Gewichtszunahme abzubauen.
In einer anderen Gruppe gestalten speziell anorektische und bulimische Patientinnen in zweiwöchigem Abstand in der klinikeigenen Lehrküche ein gemeinsames Kochen. Die Nahrungsmittel werden von der Klinik gestellt, Auswahl und Zubereitung organisieren die Patientinnen zusammen mit einem Co-Therapeuten. In einer weiteren Gruppe werden Entspannungstechniken oder etwa Selbstsicherheitstraining angeboten. Andere Therapiebausteine sind die Beschäftigungs- und Gestaltungstherapie, Sport- und Bewegungstherapie sowie Physiotherapie und Krankengymnastik. Ein wichtiger Ansatzpunkt ist die Soziotherapie, deren Schwerpunkt die Nachsorge ist. In der Soziotherapie kann die Patientin Fragen der Familiensituation oder der beruflichen Reintegration besprechen. Die Soziotherapie soll dabei nicht als Serviceleistung für die Patientin mißverstanden werden. Vielmehr soll sie Strategien und Möglichkeiten aufzeigen, wie die Patientin ihre Ziele erreichen kann. Die Klinik hat den Patientinnen dafür ein realistisches Übungsfeld geschaffen. Rolf Meermann erklärt: »Wir haben Vereinbarungen mit rund vierzig Betrieben in Bad Pyrmont getroffen, wo die Patientinnen tage- oder wochenweise arbeiten können. Dort haben sie die Möglichkeit, das, was sie in der Klinik gelernt haben, in Alltags- und Streßsituationen zu testen.«

Angehörige tauschen sich aus

Unter der Leitung einer Psychologin treffen sich seit Januar 1990 in der Fachklinik Bad Pyrmont einmal im Monat Angehörige von anorektischen und bulimischen Patientinnen. Sie haben hier die Möglichkeit, sich untereinander ohne Beisein der Betroffenen über eigene Sorgen und Nöte auszutauschen. Gleichzeitig werden immer wieder Verhaltensweisen diskutiert, die der Patientin nach der Entlassung helfen können und ihre weitere Entwicklung fördern. Auch das Thema der Schuldzuweisung, das häufig eine positive Veränderung hemmt, nimmt im Gruppengespräch einen hohen Stellenwert ein. Zu den Treffen kommen überwiegend Eltern, aber auch Geschwister und Partner.

Psychosomatische Fachklinik Bad Pyrmont – Behandlungszentrum für Psychotherapie und Verhaltensmedizin, Bombergallee 10, 31812 Bad Pyrmont, Telefon 05281/619-05

Stationärer Aufenthalt (individuell sehr unterschiedlich):
durchschnittlich 5 Monate bei Magersüchtigen, durchschnittlich 3 Monate bei Bulimikerinnen
Wartezeit: 2 bis 3 Monate
Mindestalter: 16 Jahre
Kosten: Krankenkasse

Klinik Rottmannshöhe in Berg am Starnberger See Jugendpsychiatrische Abteilung der Heckscher Klinik München

In der Klinik Rottmannshöhe werden Jugendliche zwischen vierzehn und achtzehn Jahren mit unterschiedlichen psychischen Störungen aufgenommen. Unter den maximal 48 Jugendlichen befinden sich im Durchschnitt ebenso viele Jungen wie Mädchen. Der Anteil der Jugendlichen mit Eßstörungen, insbesondere mit Anorexie und Bulimie, liegt bei fünf bis zehn. Der stationäre Aufenthalt ist auf eine längerfristige Behandlung ausgerichtet. Notaufnahmen, Kurztherapien oder Kriseninterventionen finden in der Regel nicht statt. Die Behandlungen dauern meist sechs bis neun Monate, gelegentlich auch länger; dies gilt auch für Patienten mit Eßstörungen.

Der Tagesablauf ist strukturiert und entspricht weitgehend dem unauffälliger Jugendlicher: Viele sind noch schulpflichtig und besuchen deshalb am Vormittag entweder die Klinikschule oder eine externe weiterführende Schule. Für alle, die nicht in die Schule gehen können oder die die Schule schon abgeschlossen haben, gibt es arbeitstherapeutische Angebote. Für wenig belastbare oder eingeschränkte Jugendliche steht die Orientierungsgruppe offen. Dort können sie an einfachen Übungen und Rollenspielen teilnehmen und erste Schritte zurück in die Gemeinschaft wagen.

Nachmittags zwischen 15 und 18 Uhr finden sowohl Einzelgespräche und Elterngespräche als auch andere therapeutische Veranstaltungen statt: Musiktherapie, Bewegungstherapie, Beschäftigungstherapie, Gestaltungs- und Kunsttherapie, kognitives Training und auch spezielle Gruppen für Anorexie-Patientinnen. Aber auch Hausaufgabenbetreuung, Sport und Ausflüge stehen auf dem Programm. Im Sommer finden Ferienfreizeiten statt.

Wir sprachen mit dem Oberarzt der Klinik, H. Braun-Scharm.

Frage: Sind die Patientinnen, die hierher kommen, chronisch krank?

H. Braun-Scharm: Das ist sehr unterschiedlich. Jugendliche aus dem näheren Umkreis sind häufig erstmals in einer psychiatrischen Klinik und weisen keine längere Krankheitsgeschichte auf. Jugendliche, die aus weiter entfernten Städten und Regionen zugewiesen werden, haben meist schon Behandlungsversuche und einen längeren Verlauf hinter sich. Sie werden erst dann in der Klinik Rottmannshöhe vorgestellt, wenn andere therapeutische

Interventionen nicht erfolgreich waren; diese jungen Menschen sind oft schon in gewisser Weise chronifiziert.

Frage: Wie sieht die Behandlung aus?

H. Braun-Scharm: Grundsätzlich kann man sagen, daß die Therapie bei anorektischen Mädchen, die schon Behandlungsversuche hinter sich haben, anders aussieht als bei Ersterkrankungen. Bei Ersterkrankungen werden allgemeine Grundvereinbarungen getroffen; zuerst wird versucht, Krankheitseinsicht zu induzieren und sich über die Diagnose zu verständigen, da die meisten Magersüchtigen krankheitsuneinsichtig sind. Bei längerfristig Kranken steht die Motivierung zu einem erneuten Anlauf im Vordergrund, damit überhaupt eine Behandlung möglich wird. Das Therapie-Schema sieht in etwa folgendermaßen aus: Zuerst definieren wir das Ausmaß des Untergewichts. Daraus ergibt sich folgerichtig ein adäquates Zielgewicht. Sind die Mädchen körperlich ernsthaft gefährdet, müssen sie zuerst in einer pädiatrischen oder internistischen Klinik behandelt werden, bis sie außer Gefahr sind. Ein Pfund Zunahme pro Woche ist wünschenswert. Das heißt, wenn ein Mädchen zwanzig Kilo Untergewicht hat, braucht sie etwa vierzig Wochen, um das Zielgewicht zu erreichen. Daran sieht man, daß eine Anorexie-Therapie ziemlich lange dauert, zumal intermittierende Gewichtsstürze die Behandlungsdauer öfter verlängern. Wir halten nichts davon, die Magersüchtigen schnell aufzufüttern und dann zu entlassen, weil damit frühe Rückschläge vorprogrammiert wären. Chronifizierte Patientinnen stehen zudem einem reinen Aufütterungs-Regime meist völlig ablehnend gegenüber. Wir nützen die lange Phase der Gewichtssteigerung zu psychotherapeutischen Interventionen, Familienarbeit, schulischer oder beruflicher Perspektivenklärung und ständiger Auseinandersetzung mit der hartnäckigen Erkrankung. Solange keine deutliche Gewichtssteigerung erreicht ist, wird eine kalorisch festgesetzte Essensmenge unter Aufsicht verabreicht; gegen Ende des Aufenthaltes wird schrittweise auf normales Essen übergegangen.

Die Behandlung ist anfangs eng mit einem Belohnungssystem verknüpft: Die Jugendlichen dürfen zu Beginn meist nicht in die Schule gehen, haben keinen unbegrenzten Ausgang und sind in ihren sportlichen Aktivitäten eingeschränkt. Mit zunehmendem Gewicht werden diese Einschränkungen gelockert.

»Ich steh vor einem Tor – was ist dahinter?« Zeichnung: Kathrin Seyfahrt

Von Beginn an gibt es eine intensive psychotherapeutische Betreuung, die mit der Zeit gegenüber dem Essens-Regime in den Vordergrund tritt. Es wird versucht, die Störung des Körperschemas zu mindern und die Fehlverknüpfung zwischen Selbstwertgefühl und Gewicht aufzulösen. Magersüchtige denken

nämlich, daß sie nur dann für sich und andere etwas wert sind, wenn sie ein bestimmtes (Unter-)Gewicht haben.
In psychotherapeutischer Hinsicht sind wir nicht auf eine Methode festgelegt und versuchen, für jeden Patienten ein möglichst individuelles Therapieprogramm zu entwickeln. Hauptsächlich setzen wir folgende Verfahren ein: Einzeltherapie, Bewegungstherapie und Gymnastik, die spezielle Anorexie-Gruppe, Methoden zur Förderung der Verbalisationsfähigkeit wie Musiktherapie und Gestaltungs- beziehungsweise Kunsttherapie sowie gruppendynamische Ansätze. Außerdem beziehen wir die Familie immer in die therapeutische Arbeit mit ein.
Frage: Gibt es typische Anorexie-Familien?
H. Braun-Scharm: Die typische Anorexie-Familie gibt es nicht. Es gibt aber typische und ähnliche Problemkonstellationen. In vielen Fällen geht es um Selbständigkeit, die Fähigkeit zur Durchsetzung eigener Standpunkte, Beziehungsfähigkeit und Ablösungsprobleme. Sicher haben auch andere junge Menschen derartige Probleme; allerdings sind sie für Magersüchtige so belastend, daß diese problematischen Bereiche verdrängt oder ganz vermieden werden. Auch Sexualität ist so ein Bereich, den die Anorexie-Patienten weitgehend ausblenden. Sexualität scheint für Magersüchtige schwierig und bedrohlich zu sein, weil es die intensivste Form einer Beziehung ist.
Bis heute gibt es zu Magersucht und Bulimie im Jugendalter viele Theorien und zu wenige sorgfältige Langzeitstudien. Immer noch findet man über Jahrzehnte hin tradierte Worthülsen ohne Erklärungswert.
Daß es ein gemeinsames Merkmal für alle Anorexie-Patienten gibt, halte ich für fraglich. Aus klinischer Erfahrung kennen wir vor allem depressive, aber auch zwanghafte, hysterische und schizoide Ausprägungen. Wichtig ist auch die Familie als Sozialisationsagentur für gesellschaftliche Normen. Wie etwa ab den fünfziger Jahren der Fernseher, vermittelt die Familie heute Schlankheitsideale. Die Schlankheitsideale werden immer extre-

mer, während das Durchschnittsgewicht der Bevölkerung steigt. Bei Mädchen und jungen Frauen sinkt dagegen das durchschnittliche Gewicht. Schlankheit als Voraussetzung für Schönheit, Erfolg und Begehrtheit gewinnt an Bedeutung; die ganze Familie macht Diäten und hungert; Mütter und Töchter nehmen Appetithemmer und Abführmittel. Der Anorexie-Pool nimmt zu!
Frage: Wie ist die statistische Erfolgsquote bei Magersucht?
H. Braun-Scharm: Die vorhandenen Untersuchungen zeichnen kein allzu positives Bild. Höchstens die Hälfte der Erkrankungen nehmen einen günstigen Verlauf, der leichte Probleme in den Bereichen Essen, Gewicht und Beziehungsfähigkeit gestattet. Im ungünstigen Fall bestehen ausgeprägtere Essens- und Gewichtsprobleme sowie psychiatrische Symptome fort.
Wir selbst führen gerade eine Nachuntersuchung ehemaliger Patientinnen durch. Dabei stellten wir bisher fest, daß viele der von uns Nachuntersuchten noch Schwierigkeiten haben, wobei die Eß- und Gewichtsprobleme nicht mehr allein im Vordergrund stehen. Soziale Probleme, Ängste, Beziehungsschwierigkeiten und Leistungsminderungen dominieren statt dessen. Grundsätzlich kann man sagen, daß die Magersucht ein schweres, potentiell chronisches Krankheitsbild ist, das nicht nur Störungen von Eßgewohnheiten und Gewicht, sondern auch Störungen der gesamten Persönlichkeit einschließt.

Kinderklinik und Poliklinik der Technischen Universität München, Kinderklinik Schwabing:

Gruppen- und Familientherapie sind die entscheidenden Ansatzpunkte der stationären Behandlung in der Kinderklinik Schwabing. Hermann Rosefeldt, Kinder- und Jugendpsychiater der Klinik, erklärt dazu: »Die Behandlung von Kindern und Jugendlichen mit psychischen Problemen erfolgt am sinnvollsten über die Familien. Wenn man der Meinung ist, daß für das Kind im Familienverbund etwas nicht gut läuft, dann sollte man den Eltern helfen, es besser zu machen. Genau das tut der Familientherapeut. Er läßt den Eltern ihre Autonomie und unterstützt sie, indem er versucht, ihnen Wege aufzuzeigen, wie sie es besser machen können.«

Die Familientherapie findet alle zwei Wochen statt, und es nehmen daran neben den Patientinnen die Eltern, die Geschwister und manchmal auch die Großeltern teil, alle, die zum Haushalt der jeweiligen Familie gehören. Hintergrund für diesen Ansatz ist die systemische Therapie, die davon ausgeht, daß psychische Phänomene im Kontext verstanden werden müssen. Die Wechselseitigkeit der Beziehungen wird dabei als wesentlicher Aspekt hervorgehoben.

Diese Bedeutung der Wechselseitigkeit hat auch Konsequenzen für die Einzeltherapie, die einmal pro Woche auf dem Programm steht. Die Einzeltherapie ist eingebunden in die Familientherapie. Sie steht im Kontext der Hilfe für die Familie, der Hilfe für das Kind, wobei das eine nicht ohne das andere geht. Hermann Rosefeldt: »Auch bei der Einzeltherapie haben wir die Familie im Hinterkopf. Man stellt sich nicht einseitig auf die Seite des Kindes, sondern steht immer wieder auch auf der anderen Seite. Der Therapeut ist dabei nicht bedingungsloser Helfer des Kindes, sondern eher der Anwalt der Familienmitglieder.«

Die stationäre Behandlung der Patientinnen erfolgt als Gruppenbehandlung, die sich als besonders hilfreich erwiesen hat. In der Kinderklinik Schwabing gibt es verschiedene Gruppentherapien. Da ist zunächst die Gesprächsgruppe, in der die Patientinnen dreimal pro Woche über Probleme sprechen, die sie selbst einbringen. Dabei kommt immer wieder auch das Eßverhalten zur Sprache, ebenso zum Beispiel die Art und Weise, wie sich einzelne in die Gruppe einbringen. Hinzu kommt zwei- bis dreimal pro Woche die Körperwahrnehmungsgruppe unter Leitung einer Therapeutin. Über Tanz, Yoga, Atemübungen und ähnliches sollen die Mädchen die Beziehung zu ihrem Körper, ihren

Gefühlen und Empfindungen wieder aktivieren. Mit Hilfe des Videofeedbacks sehen die Patientinnen ihren abgemagerten Körper weit realistischer als im Spiegel oder auf Fotos. Auch Phantasiereisen in den eigenen Körper gehören in die Körperwahrnehmungsgruppe.
Kreatives Gestalten, ob Zeichnen, Seidenmalerei, Töpfern, Theaterspielen oder Geschichtenschreiben, steht im Mittelpunkt der kreativen Gruppe. Und einmal in der Woche können die Mädchen im Rollenspiel neue Verhaltensweisen spielerisch ausprobieren, die sie in der Therapie gelernt haben. Auch hier erfüllt die Gruppe ihre Funktion als soziales Lernfeld.
Die Kinderklinik Schwabing kann acht Mädchen und ein oder zwei Jungen aufnehmen. Die acht Mädchen sind auf zwei Zimmer verteilt. Nach einer Eingewöhnungsphase von drei Wochen, in der die Mädchen die Klinik nicht verlassen sollen, können die Patientinnen von Samstag morgen bis Sonntag abend zu ihren Eltern nach Hause fahren. Außerdem haben sie einen freien Nachmittag pro Woche. Um den Kontakt nicht abreißen zu lassen, gehen sie von der Klinik aus auch immer wieder einmal in ihre Schule und ihre Schulklasse. Während der Behandlung werden sie in der Krankenhausschule in den Hauptfächern unterrichtet. Nach der Entlassung gehen dann die meisten wieder in ihre alte Klasse zurück.
Natürlich können die Patientinnen jederzeit auch Besuch bekommen. Von täglichen Besuchen rät Hermann Rosefeldt jedoch ab: »Die Unterbrechung der familiären Interaktion ist ein ganz wichtiger therapeutischer Faktor, dessen Wirksamkeit bei täglichen Besuchen gemindert werden könnte. Die Patientinnen finden dann nicht ihren Weg in die Gruppe; sie bringen sich nicht ein, weil sie sich mit allem an die Eltern wenden.« Die Klinik verbietet die Besuche dennoch nicht. Meistens allerdings weist die Gruppe von selbst auf dieses Problem hin, wenn sie spürt, daß sich eine Teilnehmerin nicht auf die Gruppe einläßt, sich nicht mit ihr auseinandersetzt.

In Frieden mit dem Körper

Das Gewicht oder die Gewichtszunahme spielt in der Kinderklinik Schwabing keine vorrangige Rolle. Da die Patientinnen häufig in sehr schlechtem, manchmal lebensbedrohlichem Zustand in die Klinik kommen, muß allerdings anfänglich oftmals Flüssignahrung zum Trinken verordnet werden. Bei entsprechender Begründung ist Zwang dabei in aller Regel nicht notwendig. Hermann Rosefeldt: »Natürlich machen wir den Patientinnen immer wieder klar, daß sie draußen auf Dauer nur zurechtkommen werden, wenn sich auch ihr Gewicht und ihr Eßverhalten einigermaßen normalisiert haben.« Sobald die Patientin drei bis vier Kilo zugenommen hat und damit die akute Gefahr überwunden ist, wird das Essen wieder in ihre Verantwortung gegeben. Die Gruppe wird beim Essen völlig allein gelassen. »Die Gruppe bestellt sich ihr Essen selbst, und auch wenn wir erfahren, daß sie zuwenig bestellen, sagen wir nichts. Solche Dinge kommen dann aber oft in der Gruppe hoch, wenn wir etwa über Eßverhalten sprechen.«

Diese Einstellung zum Gewicht resultiert aus dem Verständnis der Magersucht. Hermann Rosefeldt: »Für die Patientin hat ihre Magersucht eine Schutzfunktion. Und die sollten wir ihr nicht mit Gewalt nehmen, ohne daß sie das verstanden und andere Verhaltensweisen und Problemlösestrategien gefunden hat.« Den bulimischen Patientinnen empfehlen die Schwabinger Therapeuten, ein Eßprotokoll zu führen, also genau aufzuschreiben, was sie essen und wie oft. Das ist oft sehr hilfreich und ein kleiner Schritt, der erste Veränderungen bringt. Grundsätzliche Informationen darüber, wie eine gesunde Ernährung eigentlich aussehen sollte, welche Nahrungsmittel und wie viele Kalorien wir brauchen oder womit Gewichtsschwankungen auch zu tun haben können, bekommen die Patientinnen gleich zu Beginn ihrer Behandlung. Dazu Hermann Rosefeldt: »Wir wollen den Patientinnen klarmachen, daß man auf Dauer nur gut leben kann, wenn man in Frieden mit seinem Körper lebt.«

Die stationäre Therapie in der Kinderklinik Schwabing setzt Freiwilligkeit voraus. Diese Basis ist bei der Behandlung von Kindern nicht selbstverständlich. Hermann Rosefeldt jedoch besteht darauf: »Wir nehmen keine Patientin auf, die das nicht selber will oder zumindest auch will, denn daß sie auch etwas dagegen hat, ist ja völlig in Ordnung. Die Entscheidung für eine stationäre Behandlung ist oft im ersten Vorgespräch noch nicht zu erreichen und ergibt sich meist erst nach einem Entwicklungsprozeß.« Die Patientin soll sich ihre Entscheidung für die Klinik gut überlegen, auch um einen vorzeitigen und meist ergebnislosen Abbruch der Behandlung zu vermeiden.

Zum Vorgespräch lädt Hermann Rosefeldt immer die Betroffene zusammen mit beiden Elternteilen ein: »Das ist für uns sehr wichtig, weil meistens ein Elternteil der stationären Therapie positiver gegenübersteht als der andere. Und die Patientin hält sich natürlich an den, der weniger bereit ist, in eine Therapie einzuwilligen.« So vermittelt das Vorgespräch Eindrücke über die Familienkonstellation und liefert äußere Daten über die Familie, die das Umfeld der Patientin skizzieren. Auch die Krankheitsgeschichte der Patientin wird besprochen: Wie hat alles angefangen, was ist bisher passiert, und wie sieht es jetzt aus?

Dieser erste Kontakt soll auch die Erwartungen der einzelnen Familienmitglieder an den Therapeuten klarstellen. Die Mädchen können bei dieser Gelegenheit auch mit den stationären Patientinnen sprechen und sie nach ihren Erfahrungen in der Klinik fragen. Auch bei der Aufnahme in die Klinik bekommt die neue Patientin eine »Tutorin«, eine Mit-Patientin, die sie mit der Klinik und der Therapie vertraut macht.

Reicht die ambulante Therapie?

Immer wieder taucht beim Vorgespräch auch die Frage auf, ob eine ambulante Therapie nicht ausreichend wäre. Hermann Rosefeldt ist eher skeptisch: »Die stationäre Therapie ist am schnellsten erfolgreich und verhindert, daß das Problem chronisch wird. Bevor jemand eine ambulante Therapie als ›kleine Lösung‹ ansteuert, empfehlen wir lieber zu warten, bis der Leidensdruck der Betroffenen groß genug ist und sie selbst erkennt, daß sie so nicht weiterkommt und ihre Probleme so nicht lösen kann.«

Der größte Teil der Patientinnen in der Kinderklinik Schwabing ist zwischen dreizehn und siebzehn Jahren alt. Die Altersgrenze nach oben liegt bei zwanzig Jahren, wobei bei volljährigen Patientinnen zu prüfen ist, inwieweit sie in der Kinderklinik am richtigen Platz sind. Ein Mindestalter für die Behandlung gibt es nicht; die jüngste Patientin in Schwabing war eine achtjährige Magersüchtige. Die stationäre Behandlung dauert etwa zwischen drei und fünf Monaten. Entscheidend für eine Entlassung ist der klinische und psychische Gesamteindruck, den die Patientin vermittelt. Den Zeitpunkt bestimmt letztlich die Patientin selbst, selbstverständlich in Absprache mit dem Therapeuten und den Eltern. Wenn die Patientinnen die Klinik zu früh verlassen, können sie leichter rückfällig werden, weil sie zum Zeitpunkt der Entlassung eventuell noch nicht stabil genug sind. Eine ambulante Weiterbehandlung halten die Therapeuten der Kinderklinik für dringend erforderlich und bieten diese hier auch an. Die Patientinnen treffen sich dann alle vierzehn Tage am Freitagnachmittag zur Gruppentherapie. Und in etwas größeren Abständen wird auch die Familientherapie weitergeführt.

Kinderklinik und Poliklinik der Technischen Universität München, Kinderklinik Schwabing, Dr. med. Hermann Rosefeldt, Kölner Platz 1, 80804 München, Tel. 089/3068-7413

Sprechzeiten: Montag 13 bis 14 Uhr, Donnerstag 11 bis 12 Uhr
Stationärer Aufenthalt: 3 bis 5 Monate
Mindestalter: –
Wartezeit: zeitweise keine, höchstens 4 bis 6 Wochen
Kosten: Krankenkasse

Klinikaufenthalt – ja oder nein?

Patientinnen berichten

»Ich wollte wirklich gesund werden«

»Ich wußte, mein Vater ist ein Klinikverfechter. Da hat er die Sicherheit, daß jemand genau nach mir schaut und guckt, was ich mache. Meiner eigenen Stimme, die gegen die Klinik revoltierte, traute ich nicht. Teile dieser inneren Stimme machten mich ja krank. Wie konnte ich ihr da vertrauen? Und doch war ich sehr unglücklich dort. Die vier Wochen Klinikaufenthalt waren für mich ein Desaster.« (Rita, 20 Jahre)

Persönliche Erfahrungen in der Klinik sind immer abhängig davon, wie sich die Patientin gerade fühlt, und ob die Behandlung dem entspricht, was sie sich davon erwartete. Oft erscheint der Aufenthalt in der Klinik als letzter Rettungsanker, ist die stationäre Behandlung ein verzweifelter letzter Versuch. Dann sind die Erwartungen meist zu hoch, die Enttäuschung ist vorprogrammiert. Andererseits kann heute eine stationäre Behandlung ein Meilenstein bei der Gesundung sein.

Monika Gerlinghoff vom Max-Planck-Institut hat zum Beispiel aus den bisherigen stationären Erfahrungen Konsequenzen gezogen. Bei ihrer Behandlungsmethode gibt es eine »vorstationäre Phase«, in der die Magersüchtigen intensiv auf den Klinikaufenthalt vorbereitet werden. Mit dieser Methode haben die Ärztin und ihr Team gute Erfolge. Ihre Patientinnen wissen ziemlich genau, was in der Klinik passiert. Leider kann nicht jede Klinik eine solche Vorphase durchführen.

Mit ihrem Aufenthalt in der Klinik Grönenbach verbindet Theresa, eine frühere Bulimikerin, nur gute Gefühle: »Heute bin ich 23 Jahre alt. Acht Jahre habe ich gegen die Sucht gekämpft, mich

gequält. 1984 war ich in einer Klinik, man päppelte mich auf. Doch ich wollte mein Leben einfach wegwerfen, endlich Schluß machen. Schließlich wagte ich noch einen Versuch: die Psychosomatische Klinik in Grönenbach/Allgäu. Meine Angst war groß... aber ich staunte Bauklötze. Als ich ankam, mußte ich mich erst einmal durchfragen, wie alles geregelt war. Mir wurde kein Faltblatt in die Hand gedrückt, auf dem die verschiedenen Veranstaltungen standen. Nein, jeden einzelnen Termin mußte ich selbst herausfinden. Alle duzten sich. Das fand ich komisch, ich Würstchen sollte zum Chefarzt ›du‹ sagen. Das kostete mich eine Menge Überwindung. Skeptisch war ich auch den täglichen Patientenversammlungen gegenüber, die ›Komitee‹ genannt wurden und ohne Therapeuten stattfanden. Doch es klappte gut. Das befürchtete Chaos blieb aus.
Der Tagesablauf sah folgendermaßen aus:
6.15 Uhr Aufstehen
6.30 Uhr Meditation
6.45 Uhr Frühsport, Duschen
8.00 Uhr Frühstück
9.00–10.00 Uhr verschiedene Therapieveranstaltungen
10.00–12.00 Uhr Kerngruppe, acht bis zehn Patienten arbeiten zusammen mit einem Therapeuten
12.00 Uhr Mittagessen
13.00–16.00 Uhr Körperarbeit wie Bioenergetik, Körperwahrnehmungstechniken
16.00–17.45 Uhr Komitee. Das war dann fast das Wichtigste während des gesamten Aufenthalts. Und vor allem wurden Rückfälle, positive Veränderungen, Meldungen an sich selbst, aber auch Organisatorisches durchgesprochen. Die Mitpatienten waren dabei meist sehr hilfreich.
18.00 Uhr Abendessen
19.00 Uhr Zweimal in der Woche fand eine Selbsthilfegruppe nach dem Vorbild der Anonymen Alkoholiker, bei uns OA – Overeaters Anonymous – statt.

Die wichtigsten Erfahrungen für mich waren: Mein Gegenüber spiegelte mein Verhalten, ich konnte mich besser selbst erkennen. Und vor allem: Rückfälle wurden nicht bestraft. Im Gegenteil – ich versuchte festzustellen, was mir zum Zeitpunkt des Rückfalls tatsächlich gefehlt hatte, und durfte es mir nachträglich holen!

Mir wurde in der Zeit klar: Ich kann mich entscheiden, ich habe die Kraft, die ich zum Leben brauche. Nur muß ich sie selbst in meinem Körper aktivieren. Konstruktiv sein hieß die Devise. Rumhängen, fressen und kotzen war destruktiv. Das Zentralthema war, welche Verbote, Vorurteile, Verhaltensmuster und Rollen man schon als Kleinkind gelernt hatte. Das Drehbuch schien bereits für mein ganzes Leben geschrieben zu sein. Doch Drehbücher kann man umschreiben. Das klappte bei mir immer besser. ›Zuerst das Vergnügen, dann die Arbeit‹ ist manchmal echt schön.

Ganz erstaunt war ich zu spüren, daß mein Leben nicht nur eine einzige Anstrengung ist, wie mir das meine Mutter vorlebte. Ich dachte früher, das ist halt so. Heute könnte ich die Welt oft umarmen, so sehr freue ich mich manchmal.

Natürlich gibt es auch etwas über das Essen zu berichten. Als ich in der Klinik ankam, hatte ich keine Vorstellung von einer normalen Portion. Darüber brauchte ich allerdings nicht lange zu grübeln. Drei Wochen lang bekam ich einen ›Essenssponsor‹, der mir am Anfang erklärte, was ich essen muß oder darf (wie man's nimmt). Vor jeder Mahlzeit zeigte ich meine Portion vor. Nach dem Check habe ich mich hingesetzt und gegessen: Für mich war das befreiend, obwohl ich fand, daß die Portion riesig war. Ich setzte mich einfach hin und sah auf meinen Teller hinunter. Dabei dachte ich: ›Es ist okay, essen muß ich es sowieso, dann genieße ich es auch.‹

Heute wiege ich fünfzig Kilo bei 1,56 Meter und sehe gut aus. Seit drei Monaten bin ich wieder daheim und habe mein Gewicht gehalten. Jetzt spüre ich immer besser, wann ich Hunger habe

und wann ich satt bin. Ich brauche keine Abführmittel mehr und auch kein Klo zum Kotzen.
Mit meinen Eltern habe ich noch viele Schwierigkeiten. Mit meinem Freund habe ich nach sechs Jahren Schluß gemacht. Nun suche ich mir eine eigene Wohnung. Aber ich bin glücklich und freue mich auf ein neues Leben, denn ich kann mich entscheiden, habe die Kraft, mein Leben in die Hand zu nehmen.«

»Es war wie ein Abschied vom Leben«

Rita (20 Jahre) erschien der Aufenthalt in einer anthroposophischen Klinik für Psychiatrie, Neurologie und Psychosomatik bei Freiburg wie ein Alptraum. Außer Rita befand sich nur noch eine magersüchtige Patientin dort. Ritas größte Angst war, in die geschlossene Abteilung zu kommen. Sie fühlte sich so unverstanden, daß sie glaubte, den Ärzten auf Gedeih und Verderb ausgeliefert zu sein. »In Weltuntergangsstimmung packte ich meine Koffer. Es war wie ein Abschied vom Leben. Bei den Anthroposophen gibt es weder Radio noch Fernsehen. Aber das war für mich gar nicht mal das Schlimmste. Die Krankenhausatmosphäre, der Status, eine Patientin zu sein, war so furchtbar für mich.
Jeden Morgen weckte man mich mit zwei Spritzen. Das war wie in einem schrecklichen Film. Die Medikamente machten mich fertig, völlig schlapp. Plötzlich konnte ich nicht mehr wie ein Murmeltier schlafen. Nachts schreckte ich hoch, hatte Schweißausbrüche. Manchmal wälzte ich mich schlaflos nächtelang von einer Seite auf die andere.
Tagsüber war ich nach einer halben Stunde Spazierengehen total erschöpft. Medikamente wurden verabreicht, damit ich mir nicht immer Leistungsdruck mache, und andere, damit ich loslassen kann. Doch noch schlimmer waren die neurotischen Leidensgeschichten gewisser Hausfrauen, die ich mir ständig anhö-

ren mußte. Was gingen mich deren Verrücktheiten an? Neben ihnen kam ich mir fast gesund vor.
In der ersten Woche passierte gar nichts. Die Anthroposophen haben Zeit. Ich sollte erst einmal richtig ankommen. Also teilte sich die Woche in Frühstück, Mittag- und Abendessen, Zuhören und Warten.
In der zweiten Woche wurde mir dreimal die Woche Heileurythmie verschrieben und zweimal in der Woche ein halbstündiges Gespräch. An die Gespräche erinnere ich mich ungern. Gerade, wenn ich traurig wurde und weinte, schaute der Arzt kurz und deutlich auf die Uhr. Die halbe Stunde war vorbei. Tschüs bis zum nächstenmal. Das Verhalten fand ich menschenverachtend. Mit meinem ganzen Elend blieb ich allein.
Zur gemeinsamen Therapie gehörte: Morgenlauf, Volkstanz, Chor und Stationseurythmie. Bis auf Heileurythmie war alles entsetzlich. Volkstanz wurde zum Beispiel gemeinsam mit den Patienten der geschlossenen Abteilung veranstaltet. Die Leute waren Lichtjahre von mir entfernt. Mit solchen Menschen Körperkontakt zu haben, empfand ich als äußerst unangenehm. Das muß man erst einmal wegstecken. Ich wollte niemanden gezwungenermaßen anfassen müssen. Als ich mich gegen das Mitmachen beim Volkstanz auflehnte, wurden mir Berührungsängste vorgeworfen. Und wenn. Ich machte nicht mehr mit.
Zu jeder Mahlzeit ging ich brav hin und aß den Teller leer. Ich nahm ziemlich viel zu und fand mich häßlich. Bald war ich mir nicht mehr sicher, ob ich überhaupt gesund werden wollte, wenn gesund sein hieß, sich in seinem Körper nicht mehr wohlzufühlen. Tief im Innern nahm ich mir vor, wenn ich hier rauskomme, dann werde ich wieder 43 Kilo wiegen, aktiv und interessiert sein, vielleicht auch glücklich und mein Leben umstellen.
Die Heileurythmistin war für mich die einzige kompetente Person in der ganzen Klinik. Die Frau hatte vorher nur mit Eßgestörten gearbeitet. Bei ihr hatte ich das Gefühl, verstanden zu werden. Sie schaute mich an und dabei blickte sie in meine Seele.

In einer Therapiestunde sollte ich einmal das ›I‹ und das ›A‹ formen, das Ichgefühl, die Standfestigkeit, die Realitätsnähe. Beides fiel mir recht leicht. Aber das ›O‹, das von innen herauskommen soll, sah ziemlich kläglich aus, einfach kraftlos. Frau L., die Heileurythmistin, hatte schon recht, wenn sie sagte, daß mein einziger Halt meine Kontrolle über meinen Körper sei. Wenn ich diese Kontrolle aufrechterhielt, fühlte ich mich wenigstens scheingut. Aber hier in der Klinik durfte ich diese Kontrolle nicht mehr ausüben. Wo war mein Ich? Ich hatte es noch nicht wiedergefunden und war völlig haltlos geworden. Nach vier Wochen wollte man mich nicht gehen lassen. Panik kroch in mir hoch. Wollte man mich etwa monatelang hier einsperren? Denen traute ich alles zu. Verzweifelt rief ich meinen Vater an. Er kam sofort. Der Arzt protestierte, doch Papa nahm mich mit. Diese Klinik war nichts für mich. Danach ging es mir sehr schlecht.
Man darf sich aber auch nicht kränker machen, als man ist. Der Weg aus dieser Krankheit ist eine Entwicklung, die lange dauert und viel Geduld braucht. Noch immer sind für mich Enttäuschungen reine menschliche Katastrophen. Vielleicht wird es eines Tages anders sein.«

»Körper und Seele sind eins«

Prävention und Nachsorge: körperbewußt leben

Serviceangebot: Ernährungsberatung

Im Überfluß unserer westlichen Welt wird das Thema Ernährung zur Bildungsaufgabe. Immer wieder warnen Fachleute vor den gesundheitlichen Risiken einer falschen Ernährung. Sie sind der Meinung, daß wir einerseits zuviel, zu fett, zu süß und zu salzig essen und andererseits mit Ballaststoffen, wichtigen Mineralstoffen und Vitaminen unterversorgt sind. Auch die deutsche Gesellschaft für Ernährung wies in ihrem Ernährungsbericht 1992 darauf hin, wie dringend Aufklärung notwendig ist: »Die jetzt schon vorherrschende Häufigkeit von Bulimie erfordert dringend präventive Maßnahmen in der Ernährungsaufklärung, insbesondere in der Risikogruppe der Zehn- bis Fünfundzwanzigjährigen.« Dabei werden zunehmend auch die Männer Probleme mit ihrem Eßverhalten haben. Was tun?

Staatliche Beratungsstellen ebenso wie die Niederlassungen der AOK bieten Verbrauchern Ernährungsberatung an. Bei den staatlichen Stellen, die meist an Landwirtschaftskammern oder die Ernährungsministerien der Länder angeschlossen sind, ist diese Beratung kostenlos. Ziel der Ernährungsberatung ist die Hilfe zur Selbsthilfe. Dabei geht es darum, das tatsächliche Eßverhalten mit den Empfehlungen für eine gesunde und ausgewogene Ernährung in bessere Übereinstimmung zu bringen. Die Beraterin (eine ausgebildete Ernährungswissenschaftlerin oder Diätassistentin) versucht dabei in Einzelgesprächen die jeweiligen Gewohnheiten, Bedürfnisse und Vorlieben der Ratsuchenden zu berücksichtigen. Die Ernährungsberatung erstellt keine Diätpläne oder Wochenmenüs. Vielmehr soll sie gezielte Informationen geben, die dann individuell vom einzelnen Verbraucher umgesetzt werden können. Die staatlichen Beratungsstellen bieten, teilweise in Zusammenarbeit mit den Volkshochschulen, immer wieder auch Kurse an (zehn bis zwölf Treffen á neunzig Minuten). Dieses »Ernährungs-Training« zielt auf die Verbesserung des Ernährungsverhaltens und in Einzelfällen auf die Reduktion von Übergewicht. Der Kurs vermittelt Grundkenntnisse der Ernährungsphysiologie und Lebensmittelkunde. Um falsche Ernährungsgewohnheiten verbessern zu können, lernen die Teilnehmer ihr eigenes Eßverhalten durch Selbstbeobachtung kennen. Daraus ergeben sich Ansätze, wie man das eigene Verhalten ändern kann.

Zum Beispiel: Feldenkrais-Methode

Es gibt viele Möglichkeiten, für jeden von uns, seinen Körper neu zu spüren, ihn neu zu erfahren. Unser Körper spiegelt mit seinen Muskelverspannungen und Verkrampfungen auch immer seelische Zustände wieder. So kann für Menschen mit Eßstörungen ein Körperwahrnehmungstraining besonders wichtig sein. Zahlreiche Therapien für Magersüchtige, Bulimikerinnen und Fettsüchtige enthalten schon seit langem ein Körpertrainingsprogramm. Neben konzentrativer Bewegungstherapie gibt es unter anderem bioenergetische Übungen, Eutonie, Yoga, Tanztherapie, Tai Chi und Feldenkrais.
Hier stellen wir kurz die Feldenkrais-Methode vor, eine Methode, die die Bewegungsabläufe der frühen Kindheit über Übungen reaktivieren will. Dadurch kann die Übende ein bewußteres Körpergefühl entwickeln. Diese Methode ist von verschiedenen Psychotherapeuten und Analytikern gleichermaßen anerkannt.
Der israelische Physiker und Elektroingenieur Moshe Feldenkrais beschäftigte sich intensiv mit der menschlichen Physiologie und ihren Auswirkungen auf den Geist und die Seele und

entwickelte daraus eine besondere Methode der Körperarbeit. Durch das bewußte Erleben der uns ungewohnten Bewegungen und durch das Erlernen neuer Bewegungsmöglichkeiten, wodurch eingeschliffene Bewegungsmuster aufgelöst werden, kann man sich selbst »gewahr-werden«. Man kann frei wählen zwischen dem Gewohnten und dem Neuentdeckten. Das Bewegungs- und Wahrnehmungsvokabular erweitert sich.
Am besten probiert man selbst einmal, wie schwierig es ist, von alten Gewohnheiten zu lassen: Versuchen Sie, Ihre Hände zuerst in der üblichen Weise zu falten. Achten Sie darauf, welcher Daumen oben liegt. Jetzt lösen sie diese Gewohnheitshaltung des Händefaltens auf und versuchen es von neuem, diesmal aber so, daß der andere Daumen oben liegt.
Noch schwieriger wird es, wenn man versucht, die Arme einmal andersherum als gewohnt vor der Brust zu verschränken. Man sollte sich vorher genau merken, welcher Unterarm bei dieser eingeschliffenen Haltung oben liegt. Es wird eine Weile dauern, bis man sich an das neue Bewegungsgefühl gewöhnt hat. Das neue Verhaltensmuster wird sich erst durch viele Wiederholungen dem Gehirn mitteilen und hinterläßt dort bleibende Gedächtnisspuren. Erst dann kommt es uns alltäglich vor.
Für Frauen mit Eßstörungen gibt es besondere Übungen. Waltraud Schöller, Feldenkrais-Pädagogin, die schon jahrelang mit Magersüchtigen und Bulimikerinnen arbeitet, meint: »Ein Kernpunkt bei der Arbeit ist, die Füße zu spüren, die Basis, auf der unser Körper aufbaut. Die jungen Frauen lernen bei den Bewegungen die Kraft ihres eigenen Körpers kennen und einteilen. Körperkraft wird nicht mehr bei Verspannungen verbraucht, sondern kann in andere Aktivitäten fließen.«
Bei der Feldenkrais-Methode lernt man ganz verschiedene Bewegungen kennen: sanfte und kräftige, runde und eckige. Die Übende kann für sich entscheiden, welche Bewegungsabläufe für sie gerade stimmen. Man macht nichts richtig oder falsch, sondern findet neue Möglichkeiten. Wichtig ist das Spielerische,

Freude an der Bewegung für sich selbst zu entdecken und zu entfalten. Damit wächst die Freude am eigenen Körper. Über die Bewegung kann der Körper angenommen werden. Bewegungen werden weicher und harmonischer. Die Harmonie der Muskeln wirkt auf die innere Haltung, das innere Fühlen. Langfristig wird eine körperliche und seelische Stabilität erreicht.
Frau Schöller regt bei ihren Übungen die Vorstellungskraft der Beteiligten an. »Welches Volumen hat der Bauch? Lassen sie einen Ball im Bauch hin- und herrollen. Entdecken sie den Körperinnenraum. Stellen Sie sich eine Feder vor, die den Innenraum ihres Körpers ausstreicht.« Tatsächlich verändern sich die inneren Organe mit der Zeit, die Anspannung fällt weg. Schmerzen im Bauchinnern verschwinden, und oft wird die Monatsblutung wieder regelmäßiger.
Häufig ziehen Mädchen mit Eßstörungen die Schultern nach vorne, wollen ihren Busen, Zeichen der Weiblichkeit, verstekken. »Dann gebe ich den Frauen das Bild von Diamanten im Brustbein. Der Brustkorb hebt sich. Mit dem gehobenen Brustbein zeigen sich die jungen Frauen selber und lassen nicht mehr den Kopf hängen.«

Zum Beispiel Tanz: Bauchtanz und Flamenco

»Das Entscheidende am Tanz ist die Bewegung. Sie ist die beste Möglichkeit, den Körper kennenzulernen. Abmagerungskuren helfen wenig weiter, erst dadurch, daß sich Hüften bewegen, werden sie lebendig und gehören dazu.«
Diese Erfahrung, die eine deutsche Bauchtänzerin gemacht hat, steht jedem offen. In zahlreichen Bauchtanz- und Flamencokursen kann man lernen, den eigenen Körper zu erspüren und ein Gefühl für die eigene Körperlichkeit und die eigene Weiblichkeit zu entwickeln.

Bauchtanz: Tanz der Freude

Die Füße stehen ungefähr hüftbreit auseinander fest auf dem Boden. Konzentrieren Sie sich auf das Gefühl, die Erdachse verlaufe durch ihren Körper. Beugen Sie die Knie ein wenig, ohne die aufrechte Haltung des Körpers zu verändern. Strecken Sie den Oberkörper vom Bauchnabel aus nach oben und stellen Sie sich in ihrer Brust eine große Sonne vor. Lassen Sie vom Bauchnabel aus die Hüfte schwer und locker nach unten fallen. Der Kopf ist stolz aufgerichtet. Legen Sie die Daumen in Ihren »Nabel der Welt«, und breiten Sie die Finger wie einen Fächer auf Ihrem Bauch aus.

So läßt sich die Grundhaltung beim Bauchtanz beschreiben. Der Bauch als Ausdruck der Weiblichkeit steht bei diesem Tanz eindeutig im Mittelpunkt. Vom Bauch und von der Hüfte gehen alle Bewegungen aus. Die Frau bewegt sich im Bauchtanz um die eigene Mitte und drückt in dieser Bewegung ihre Beziehung zum Leben aus. Die malenden Bewegungen der Hüfte, das Kreisen, Wiegen und Schwingen im Rhythmus des Körpers sind zutiefst weibliche Bewegungen. Wenn die Frau neues Leben hervorbringen soll, muß sie selbst Kraft zum Leben haben. Der Bauchtanz ist der uralte Ausdruck dieser Kraft; in ihm verkörpern die Frauen ihren Willen zur Liebe und zum Leben. Auch körperliche und seelische Erregung kann man im Bauchtanz aus sich heraustanzen. Der Bauchtanz ist vor allem ein Gemeinschaftstanz: »Der Tanz war gelebte Lust am Zusammensein mit Frauen, am eigenen Körper, am Rhythmus der Musik, an allem, worin sich Weiblichkeit und Leben ausdrücken kann.«

Bauchtanz ist sehr individuell, denn der Ausdruck der Bewegung ist immer abhängig von der Frau, die ihn tanzt. Sie zeigt damit ihre Gefühle, ihre Einstellung zu sich als Frau und zu ihrem Körper.

Durch den Tanz werden die Bewegungen jeder Frau weicher, leichter und stolzer und entsprechen mehr als vorher ihrem Körper. Bauchtanz ist der Tanz der Frauen, er entspricht ihrem Kör-

per, dessen Bewegungen und Funktionen. Bauchtanz ist dabei kein Fitneßtraining. Es geht nicht darum, Leistungen in Kondition, Kraft oder Bewegung gezielt meßbar zu erbringen. Bauchtanz ist zuerst Ausdruck der Frau und ihres Wesens. Den Bauchtanz kann jede Frau tanzen, die sich etwas Gutes tun, an ihrer Beweglichkeit, Gesundheit und inneren Schönheit arbeiten, ihre Sinnlichkeit und ihr weibliches Selbstbewußtsein weiterentwickeln will. Im Bauchtanz kann sie sich selbst ein Stück näherkommen, indem sie lernt, sich atmen, leben und erleben zu lassen, sich einzulassen auf Musik und Bewegung und auf die Empfindungen, die damit geweckt werden.
Der Bauchtanz sorgt für einen beweglicheren, stärkeren und weiblicheren Körper und seine Gesundheit. Durch den Bauchtanz wird die Ausdauer und die Haltung des Körpers geschult, das Atemvolumen wird größer, die Durchblutung verbessert und das Gewebe straffer. Durch die Bewegungen des Beckens wird vor allem der Unterleib gut durchblutet, entspannt und gelockert.

Flamenco: Spiegel der Seele
»Wenn ich tanze, habe ich das Gefühl, ein anderer Mensch zu sein«, erzählt die Flamenco-Tänzerin Lisa Romero. »Beim Tanzen werden Körper und Seele eins, man kehrt zu seinen tiefen Wurzeln zurück.« Die Ursprünge des Flamencos liegen weit zurück. Er ist das Ergebnis einer Vielzahl verschiedener musikalischer Einflüsse. Zigeuner, die Ende des 15. Jahrhunderts in die südspanische Region Andalusien kamen, brachten eine große Vielfalt an indischen, arabischen und anderen Musik- und Tanzformen mit. Diese vermischten sich mit der in Andalusien bekannten Musik, die viele maurische und hebräische Elemente enthielt. Lange war der Flamenco die Musik der Zigeuner, erst im letzten Jahrhundert begannen sich auch andere Bevölkerungsgruppen für diese Musik zu interessieren. Es blieb die Ausdruckskraft des Tanzes. Flamenco, das ist getanzte Leidenschaft oder auch Ausdruck von Verzweiflung.

Ähnlich wie die Bauchtänzerin muß auch die *bailaora* beim Flamenco ihre Mitte finden, um im Gleichgewicht zu sein. Emotionen sind bei diesem Tanz nicht nur zugelassen, sondern erwünscht. Gefühle werden durch die Bewegung ausgedrückt. Dabei ist der Flamenco niemals zu bewegt, der Tanz hat Pausen, in denen sich die Tänzerin voller Spannung konzentriert und nach innen wendet. Die Hüften werden auf natürliche, niemals aber auf vulgäre Art bewegt. Der Flamenco hat zwar eine starke erotische Kraft, die aber nicht vordergründig oder provokativ wirkt. Die Tänzerin selbst erlebt ihren Körper positiv und lustvoll.
Ähnlich wie der Bauchtanz ist auch der Flamenco ein Tanz der Erde: »Die Energie, die wir Frauen im Bauch haben, geben wir an die Erde weiter und gleichzeitig bekommen wir Energie aus dem Boden, auf dem wir stehen.« Die Erdverbundenheit des Flamencos steht im Gegensatz etwa zum klassischen Ballett, das die luftige, leichte Bewegung nach oben sucht.
Der Körper verschmilzt im Tanz zu einer Einheit mit der Seele; die körperliche Bewegung ist verbunden mit dem psychischen Ausdruck von Emotionen. Das Gesicht einer Flamencotänzerin ist nie ausdruckslos, sondern spiegelt ihre getanzten Emotionen wieder, Trauer, Verzweiflung, Wut oder Leidenschaft. Lisa Romero: »Dieses Körpertraining und diese Körpererfahrung stärken das Selbstbewußtsein. Dabei spielen sicher auch einige Übungen eine Rolle, die wir machen, etwa das *zapateo*, das Stampfen mit den Füßen, das Aufeinanderzugehen mit hocherhobenem Kopf und sich dabei in die Augen schauend. Frauen, die Flamenco tanzen, sehen tatsächlich nach einer gewissen Zeit irgendwie anders aus, sie bewegen sich anders, sie gehen anders.«

Anhang

Empfohlene und verwendete Literatur

Aliabadi, Christiane/Lehnig, Wolfgang: Wenn Essen zur Sucht wird. München 1982

Arens-Azevedo, Ulrike/Hamm, Michael: Fast Food – Slow Food – Plädoyer für eine neue Eßkultur. Reinbek 1992

Arz, Astrid/Kloos, Barbara-Maria: Mund auf, Augen zu – Essen zwischen Lust und Frust. Reinbek 1983

Bick, M. (Hg): Warum sollen wir Dicken uns dünne machen? Reinbek 1980

Bruch, Hilde: Der goldene Käfig – Das Rätsel der Magersucht. Frankfurt/Main 1980

Dana, Mira/Lawrence, Marilyn: Die verschwiegene Krankheit. Bulimie: Warum Frauen zwanghaft essen. München 1990

Deutsche Gesellschaft für Ernährung (Hg.): Ernährungsbericht 1992, Frankfurt/Main 1992

Diehl, Joerg M.: Ernährungspsychologie. Frankfurt/Main 1978

Elias, Norbert: Über den Prozeß der Zivilisation. Frankfurt/Main 1990

Erpen, Heinrich: Die Sucht, mager zu sein. Der Kampf mit dem eigenen Körper. Stuttgart 1990

Fuchs, Kathrin: Meine Mutter – meine Pfunde. Eßzwänge und Erziehung. München 1991

Feiereis, Hubert: Diagnostik und Therapie der Magersucht und Bulimie. München 1989

Gerlinghoff, Monika: Magersüchtige. Eine Therapeutin und Betroffene berichten. München 1985

Gerlinghoff, Monika/Backmund, Herbert/Mai, Norbert: Magersucht – Auseinandersetzung mit einer Krankheit. München 1988

Grauer, Angelika/Schlottke, Peter F.: Muß der Speck weg? – Der Kampf ums Idealgewicht im Wandel der Schönheitsideale. München 1987

Hamm, Michael: Schluß mit dem Diätenstreß. München 1992

Hollen, Anke von/Leitzmann, Claus: Richtig essen in der Risikogesellschaft. Frankfurt/Main 1989

Kafka, Franz: Sämtliche Erzählungen. Frankfurt/Main 1970

Langsdorff, Maja: Die heimliche Sucht, unheimlich zu essen. Frankfurt/Main 1985

Lawrence, Marilyn: »Ich stimme nicht« – Identitätskrise und Magersucht. Reinbek 1986

Margolis, Karen: Die Knochen zeigen. Über die Sucht zu hungern. Berlin 1985

Meermann, Rolf/Vandereycken, W.: Therapie der Magersucht und Bulimia nervosa. Berlin 1987

Orbach, Susie: Anti-Diätbuch. Über die Psychologie der Dickleibigkeit, die Ursachen von Eßsucht. München 1978

Pudel, Volker/Westenhöfer, Joachim: Ernährungspsychologie – Eine Einführung. Göttingen 1991

Selvini Palazzoli, Mara: Magersucht. Stuttgart 1982

Seyfahrt, Kathrin: Mein Weg aus der Magersucht. (Bircher Benner Verlag) Bad Homburg 1992

Vanderlinden, Norre/Vandereycken, W./Meermann, Rolf: Die Behandlung der Bulimia nervosa. Eine praktische Anleitung. Stuttgart 1992
Valère, Valérie: Das Haus der verrückten Kinder. Frankfurt/Main 1988
Weber, Gunthard/Stierlin, Helm: In Liebe entzweit. Reinbek 1989

Ausgewählte Adressen, die weiterhelfen

Selbsthilfegruppen:

ANAD
Ungererstraße 32, 80802 München, Tel. 089/333877, 311786

Aktionskreis Eß- und Magersucht »Cinderella« e. V.
Westendstraße 35, 80339 München, Tel. 089/5021212

Dick & Dünn
Innsbrucker Straße 25, 10825 Berlin, Tel. 030/8544994

Dick & Dünn e. V. Pankow
Florastraße 33, Aufgang 5, 13187 Berlin, Tel. 030/6071626
Büro Düsseldorf: Tel. 0211/397200
Büro Nürnberg: Tel. 0911/267575

Frankfurter Zentrum für Eßstörungen e. V.
Hansaallee 18, 60322 Frankfurt/Main, Tel. 069/550176

Deutsche Arbeitsgemeinschaft Selbsthilfegruppen e. V.
c/o Friedrichstraße 28, 35392 Gießen, Tel. 0641/74503

NAKOS – Nationale Kontakt- und Informationsstelle zur Anregung und Unterstützung von Selbsthilfegruppen
Albrecht-Achilles-Straße 65, 10709 Berlin, Tel. 030/8914019

Dipl.-Psych. Susanne Zelmanski FIKV e. V./»Selbsthilfeambulanz«
Am Hylligen Born 4, 31812 Bad Pyrmont, Tel. 05281/606763

Therapeuten:

Karin-Maria Mensch, Psychotherapeutische Fachpraxis für Gewichts- und Eßstörungen
Prälat-Zistl-Straße 4, 80331 München, Tel. 089/2605291

Adressen in Ihrer Nähe erhalten Sie bei den örtlichen Krankenkassen sowie im Branchentelefonbuch oder bei ANAD. Der/die Therapeut/in sollte mit Eßstörungen vertraut sein.

Kliniken:

Medizinisch-psychosomatische Klinik Roseneck
Am Roseneck 6, 83209 Prien am Chiemsee, Tel. 08051/601-0

Fachklinik Bad Pyrmont
Bombergallee 10, 31812 Bad Pyrmont, Tel. 05281/619(0)-509

Klinik am Korso
Ostkorso 4, 32545 Bad Oeynhausen, Tel. 05731/181-0

Kinderklinik und Poliklinik der technischen Universität München, Kinderklinik Schwabing, Dr. med. Hermann Rosefeldt,
Kölner Platz 1, 80804 München, Tel. 089/3068-7413

Heckscher Klinik
Rottmannshöhe, 82335 Berg, Tel. 08151/507-0

Fachklinik St. Vitus-Stift
Ahlhornerstraße 32, 49429 Visbek, Tel. 04445/8990

Psychosomatische Fachklinik
Kurbrunnerstraße 12, 67098 Bad Dürkheim, Tel. 06322/603-0

Klinik Bad Herrenalb
Bernbacherstraße 33, 76332 Bad Herrenalb, Tel. 07083/509-0

Psychosomatische Klinik, Fachklinik für Verhaltenstherapie
Schützenstraße 16, 86949 Windbach am Ammersee, Tel. 08193/720

Klinik für psychosomatische Medizin
Seb.-Kneipp-Allee 4, 87730 Grönenbach, Tel. 08334/79353

Max-Planck-Institut,
Tagesklinik 5, Kraepelinstraße 2, 80804 München

Ernährungsberatung:

Die Adressen von Ernährungsberatungsstellen in der Nähe Ihres Wohnorts können Sie bei den Beratungsstellen der örtlichen Krankenkassen, bei den Landwirtschaftsämtern und bei den Landesministerien für Ernährung erfragen.

Anmerkungen

1 Boothe, Brigitte: Grenzen therapeutischer Wirksamkeit bei magersüchtigen Patientinnen. In: Zeitschrift Psychosomatische Medizin 37/1991, S. 249ff.
2 MacLeod, zitiert nach: Feiereis, Hubert: Diagnostik und Therapie der Magersucht und Bulimie. München 1989, S. 93.
3 Engel, Klaus/Meyer, Adolf-Ernst: Therapie schwer erkrankter Anorexiepatienten. Zusammenfassender Bericht über ein Forschungsprojekt. Das Projekt lief von 1981 bis 1983 im Sonderforschungsbereich 115 für Psychosomatik, Psychotherapie und Medizinische Psychologie am Hamburger Universitätskrankenhaus Eppendorf, im Bereich Psychotherapie – Psychosomatik der Psychiatrischen Klinik Dortmund und in der Abteilung der Ruhr-Universität Bochum. In: Zeitschrift Psychosomatische Medizin 37/1991, S. 220ff.
4 Gordon, Richard A.: Anorexia and bulimia – anatomy of a social epidemic, Cambridge/Massachusetts 1990; Mira Dana: Die verschwiegene Krankheit Bulimie. München 1991; Wittchen, Sibylle/Bleser, Birgit/Fricke, Wolfgang: Bulimie – gesellschaftliche, familiäre, individuelle Perspektiven. Wiesbaden 1988 (Veröffentlichungen aus Lehre, angewandter Forschung und Weiterbildung); Fichter, M. M./Goebel, G.: Anorexia und Bulimia nervosa: Symptomatik, medizinische Komplikationen, Ätiologie und Behandlung. In: Internist 32/1991, S. 38ff; Fichter, M. M.: Bulimia nervosa: basic research, diagnosis and therapy, Chichester 1990.
5 Erikson, Erik, zitiert nach: Olbrich, Erhard/Todt, Eberhard (Hg.): Probleme des Jugendalters. Neue Sichtweisen. Berlin, Heidelberg, New York, Tokyo 1984, S. 5.
6 Zitiert nach: Horstkotte-Höcker, Ellen: Eß-Brech-Sucht und weiblicher Lebenszusammenhang im Patriarchat. Pfaffenweiler 1987, S. 51.
7 Orbach, Susie: Hungerstreik, Ursachen der Magersucht. Neue Wege zur Heilung. Düsseldorf/Wien/New York 1987, S. 33.
8 Siehe: Horstkotte-Höcker, Ellen: Eß-Brech-Sucht und weiblicher Lebenszusammenhang im Patriarchat. Pfaffenweiler 1987, S. 57ff.
9 In: meine familie und ich spezial, 1992.
10 Bruch, Hilde: Der goldene Käfig. Frankfurt/Main 1980, S. 14f.
11 Interview mit Heike Papenfuss
12 Interview mit Heike Papenfuss
13 Schepank, Heinz: Erbdeterminanten bei der Anorexia nervosa, Ergebnisse von Zwillingsuntersuchungen. In: Zeitschrift Psychosomatische Medizin 37/1991, S. 265ff.
14 Elias, Norbert: Über den Prozeß der Zivilisation. Frankfurt/Main 1990, S. 121.
15 Elias, Norbert: Über den Prozeß der Zivilisation. Frankfurt/Main 1990, S. 117.
16 Habermas, Tilman: Heißhunger – historische Bedingungen der Bulimia nervosa. Frankfurt/Main 1970.
17 Kafka, Franz: Der Hungerkünstler, S. 163f. In: Ders.: Sämtliche Erzählungen. Frankfurt/Main 1970.
18 Habermas, Tilman: Heißhunger – historische Bedingungen der Bulimia nervosa. Frankfurt/Main 1990, S. 147.
19 Pudel, Volker: Ernährungspsychologie. Göttingen 1991, S. 132.
20 Arens-Azevedo, Ulrike/Hamm, Michael: Fast food – Slow food. Plädoyer für eine neue Eßkultur. Reinbek 1992, S. 131.
21 Orbach, Susie: Anti-Diätbuch. München 1978, S. 109.